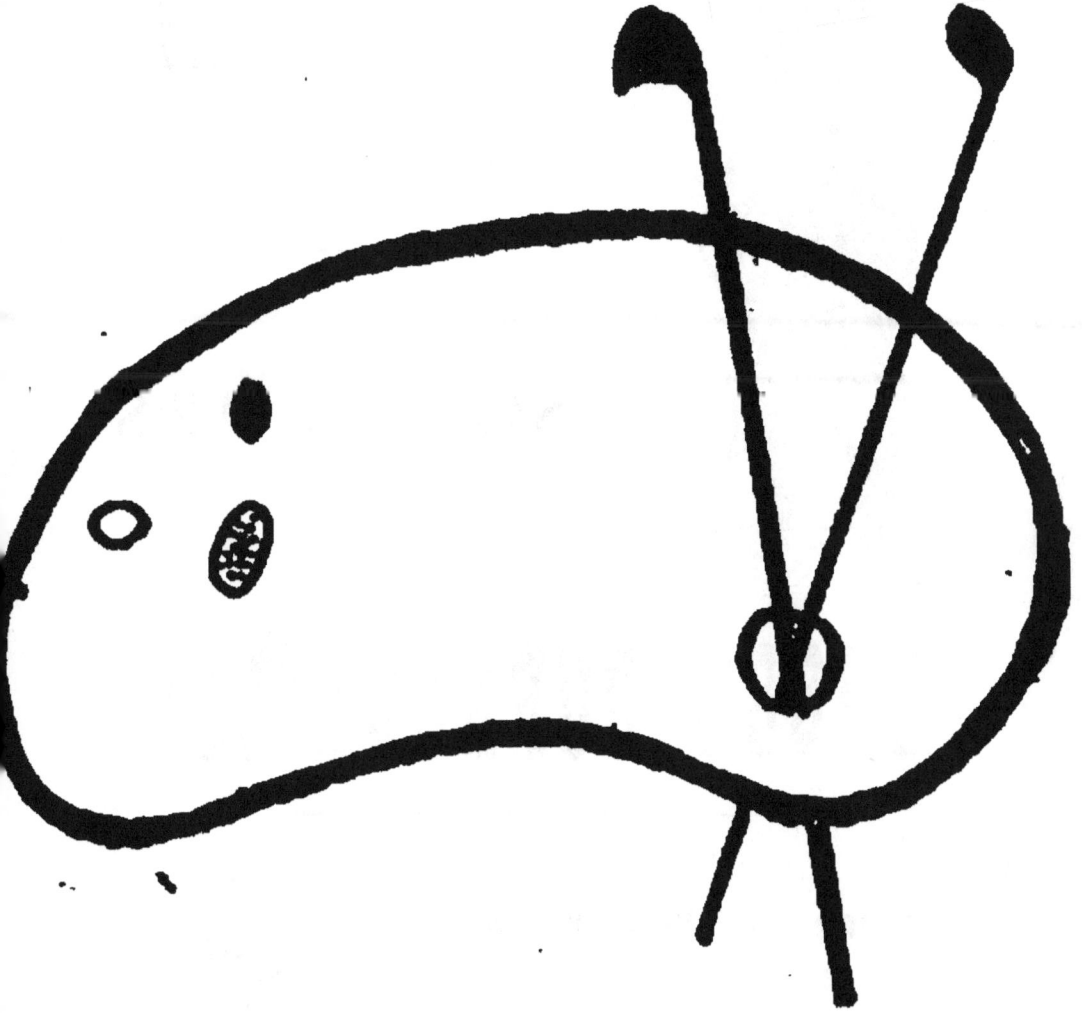

COUVERTURE SUPERIEURE ET INFERIEURE
EN COULEUR

Lucien BOULAIN

AUTEUR DU RAZ DE SEIN

SOUVENIRS

DE LA

BASSE CORNOUAILLE

Ouvrage orné de Gravures

TEXTE

DE LA PREMIÈRE LIVRAISON :

La Légende de la Grotte du Diable (Morgat). — Baie d'Audierne. — Combat des Droits de l'Homme. — Audierne. — Une des clefs du Cap-Sizun. — Le Cap-Sizun. — dierne à la pointe du Raz zeo, clef du Cap-Sizun tes). — Ville d'Is. — La e Penmarc'h.

L²K

P. G.

SOUVENIRS

DE LA

BASSE CORNOUAILLE

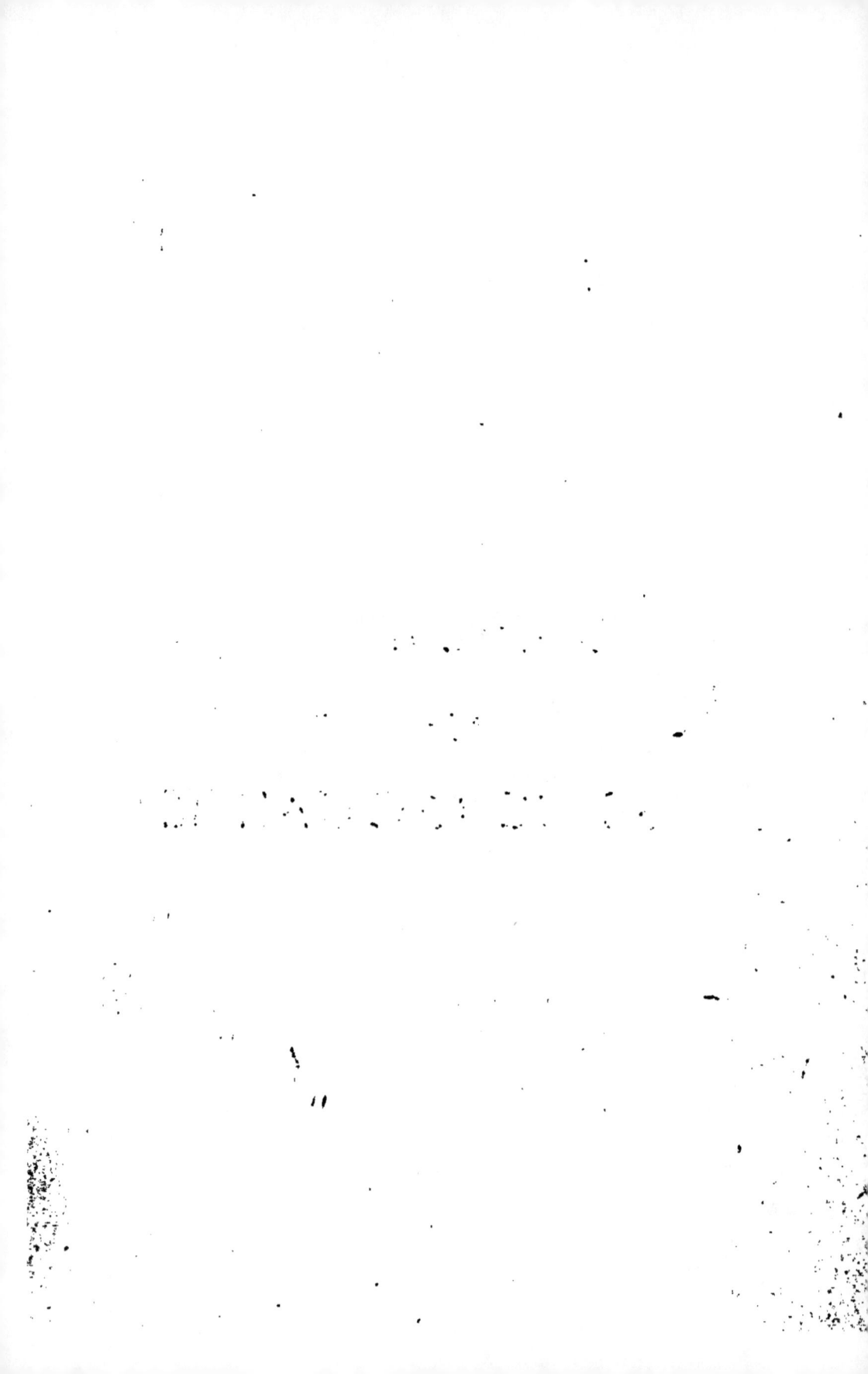

Lucien *BOULAIN*

AUTEUR DU RAZ DE SEIN

———

SOUVENIRS

DE LA

BASSE CORNOUAILLE

~~~~~~~~

Ouvrage orné de Gravures

———

TEXTE

DE LA PREMIÈRE LIVRAISON :

A MES COMPATRIOTES,

La dédicace de la première brochure, *Raz de Sein*, était : *A MES AMIS...* ces trois mots m'ont valu quelques charmantes lettres, se résumant toutes.... Merci pour la dédicace, nous en prenons notre part, car notre désir est, que vous nous comptiez, au nombre de vos amis.

Ensuite, nombreuses ont été les cartes de félicitions, sur lesquelles je ne comptais guère, d'écrivains que je ne verrai jamais, et que je ne puis connaître que par les nombreux ouvrages, qu'ils ont déjà édités.

Un écrivain remarquable de Paris, en m'envoyant sa carte, me disait : J'ai lu, Monsieur, votre brochure *Raz de Sein* ; vous avez eu le mérite en exposant les faits simplement, et sans artifice de style, d'exciter l'émotion et l'admiration, pour le courage, le dévouement des fils de l'Armorique.... Votre brochure a obtenu un légitime succès.

Un éditeur de Londres, en faisant une demande pour le musée britannique, m'adressait à la suite des félicitations.

Aujourd'hui, je dédie ces souvenirs de la Basse Cornouaille, à mes compatriotes ; qu'ils ne soient ni les derniers, ni les seuls à les lire.

Je m'adresse à des Bretons, nullement aux lettrés. Les Bretons comprendront les motifs de ces pages, n'y verront que l'expression de mon amour pour mon pays natal, le désir d'y attirer les voyageurs étrangers et sauront, s'il le faut, faire taire les critiques des lettrés. La lecture de Raz de Sein a provoqué chez quelques-uns, le bon désir de s'y rendre sans soucis des difficultés de l'accès, il en est même, qui ont tenu parole.

Ceci m'a déterminé à écrire, SOUVENIRS DE LA BASSE CORNOUAILLE. Des étrangers à notre pays, je dois l'avouer, ont manifesté le désir de voir paraître ces quelques séries... car il y en aura plusieurs qui se suivront dans le même format... elles sont prêtes, et d'autres sont en préparation...

Je consacre l'une d'elle à la vie du fameux La Fontenelle, qui dévasta ces contrées et saccagea Pont-Croix, en 1597. Une notice sur N.-D. de Rescudon, en cette ville, que le partisan tenta d'incendier sera donnée à la suite.

L'occasion est du moment, de nombreux ouvriers travaillent à de grandes restaurations à ce bel édifice, classé depuis longtemps comme monument historique... Merci aux généreux dons du ministère des Beaux-Arts, des Cultes, du Conseil général, de la Munipalité de Pont-Croix et de la Fabrique, car

> Mon pays est, l'plus beau de la terre
> Et mon clocher, l'plus beau d'alentour.
> Que j'aime ma bruyère
> Et mon clocher à jour.

20 Juin 1895.

Légende de la Grotte du Diable

(MORGAT)

Cette légende nous reporte aux temps fabuleux, à l'époque de Pharamond, ou même de son aïeul ou trisaïeul; l'historien n'a pas réussi à trouver la date exacte de ce règne.

On pourrait nommer Membre de l'Académie des Inscriptions, etc., quiconque pourrait préciser une date au règne de ce roi mythologique.

En somme, qu'importe; Pharamond a vécu; et personne ne viendra le contester. Qu'importe aussi, s'il n'a pas laissé une liste de faits glorieux? tant mieux, je le dirais même.

Honneur aux rois qui après eux, n'ont laissé aucune histoire. Ce sont les meilleurs et les plus sages... et de confiance, on peut dire en parlant d'eux... ils étaient bons.

Or, du temps où régnait ce fameux Pharamond,

arriva sur la pointe de la Chèvre au pays de Crozon, un oiseau magnifique.. sa tête était belle, et son bec plus dur et plus brillant que le diamant, ses ailes étaient dorées, les plumes de son ventre étaient d'argent.. et ce bel oiseau d'où venait-il? il venait de l'Ile de Sein, alors vrai nid de fées, et ce nid était la suite de palais magnifiques, plus beaux les uns que les autres.. Cet oiseau qui avait traversé les mers, était une fée d'un ordre supérieur.

Il y avait alors des bonnes fées, et des fées malignes, comme il y a seigneurs et seigneurs. Les unes étaient pour le bien, les autres pour le mal.. c'est toujours comme cela.

Celle dont nous parlons était une bonne fée, et sa présence un heureux présage pour le pays de Crozon et c'est dans ce but qu'elle avait abandonné son beau palais de cristal, qu'elle ne devait plus revoir. C'était dans leurs lois d'alors, et c'est pour elles que l'on disait : « Qui va à la chasse perd sa place. » Son désir de faire le bien, l'avait fait descendre dans ce beau pays, et chaque jour on la voyait se promener le long des falaises. Son apparition seule, calmait les tempêtes ou les semait. C'était la manière de rendre service aux habitants qu'elle aimait... C'est pour cela que les Crozonais sont des veinards.

Le plus souvent elle portait ses pas dans le pays de Morgat, surtout au pied d'une montagne que l'on nommait et que l'on nomme encore Ménez-Aro.

Un matin notre bonne fée ne songeait qu'au bien qu'elle pourrait faire dans la journée, ne voulant pas le soir se faire le reproche de Titus.. Elle se promenait le long de la falaise, car les plus petits sentiers, qu'eussent pu fréquenter les cabris et les chamois des montagnes, ne pouvaient lui donner crainte, et ceux-ci ne vont-ils pas d'un rocher à un autre, sans se soucier de l'abime qu'ils franchissent? Leurs pieds agiles posent sur une arête qui est une véritable aiguille, et par un nouveau saut, ils rebondissent sur un petit sentier où nul chasseur ne saurait les atteindre... Elle se promenait donc absorbée dans les réflexions, cheminant dans le sentier étroit.

Soudain un choc terrible fut sur le point de la renverser. Surprise, elle regarda et qu'aperçoit-elle? un vilain, très vilain Diable... Celui-ci levé matin allait, bien sûr, accomplir quelque méfait.. Ils sont capables de tout, ces malins, à part d'une bonne action, et je sais parmi le monde, plus d'un à figure humaine dont on pourrait dire autant.

. Ce diable malin était d'un ordre inférieur, par conséquent il devait à la fée, respect et obéissance.. mais vous savez fort bien que ces malins n'aiment pas à se soumettre. C'est toujours comme cela... Surprise, Madame la bonne fée se contente de dire : « Le sentier est étroit, retire-toi de ma route, tu me gênes..

La bonne fée dit ces paroles sans la moindre colère, mais d'une voix ferme en bon breton du pays de Cornouaille. Ce n'est pas étonnant, car ce langage est le plus ancien de tous; même on le parle au paradis... Mais notre diable était têtu, et d'autant plus têtu qu'il était de Crozon, ce qui n'est pas peu dire.

C'est passé en proverbe, et ceux qui possèdent plusieurs bons amis dans ce coin de terre le savent bien... Ils les ont entendu dire, et même ils s'en aperçoivent bien sans cela...

Ne les entendons pas s'exprimer ainsi : « Nous sommes d'abord têtus parce que nous sommes bretons et nous sommes de plus de Crozon parce que nous sommes têtus, oui, nous sommes têtus parce que nous sommes de Crozon, c'est dans notre sang.

Que les habitants de ce pays ne se formalisent pas, si je dis que le diable était têtu... oui, il était têtu pour faire le mal, tandis que nos amis ne sont têtus que pour faire le bien... C'est bien entendu.

Après cette digression, je retourne à mon diable, que j'ai laissé en tête-à-tête avec la bonne fée, le sentier était étroit et donnait sur la mer, et il n'y avait pas place à deux.. Le diable ne bougeait pas et restait comme un Therme... pour aucun prix il n'eut cédé la place. La fée renouvela son ordre, car elle pouvait commander.

Tout bon homme qu'on soit, on se met en colère, même quand on est fée...Celle-ci se tourna vers la montagne Aro qui domine, et que l'on appelle Menez-Aro... et l'interpellant : Roz pe me ta razo. *Abats-le, ou je t'abattrai..*, foussa pe me te fousso... *Enfouis-le, ou je t'enfouirai.*

Aussitôt dit, la montagne s'effronda avec un fracas épouvantable, engloutissant le diable têtu et grossier, tandis que la bonne fée s'envolant à tire d'aile, vint s'abattre où se trouve le casino, indiquant la place future.

En s'effrondant, la montagne forma la grotte du diable que nous voyons encore. et dans laquelle cet esprit malin et têtu est toujours renfermé, c'est peut-être à son exemple que les gens de Crozon sont restés têtus et qu'ils ont une pierre comme cervelle.

C'est ce diable que vous entendrez hurler dans les tempêtes.

Le malin voudrait bien sortir, les gens de Crozon ont bien raison de le tenir enchaîné et mieux vaut qu'il y reste.. N'y a-il pas assez de diables comme cela par le monde, et même il y en a de trop... Malheureusement il n'y a plus de bonnes fées... Hélas ! hélas ! Siouas ! siouas ! ainsi me disait la conteuse de la légende.

La population de Morgat fit une ovation à la belle et bonne fée, qui y vécut longtemps, sans s'écarter jamais; elle restait fidèle à son pays de Crozon.

Un beau soir on la vit disparaitre, c'était par un beau soir d'été, alors que le soleil allait faire disparaitre sa belle chevelure d'or dans les flots du large... peut-être y allait-elle?... en tous cas, on ne la vit plus revenir : probablement elle est sur quelque roche isolée, ignorée des marins, une ile fortunée, récompense de ses bonnes actions, en un mot au paradis des fées.

Les gens de Morgat, regrettèrent son départ et firent élever un temple à cette Dame de bien, à cette dame venue de la mer, et comme de juste on l'appela *Santès Marina*... Dans le pays on vous montrera l'emplacement, mais il n'y a plus que des ruines... Touristes qui portez vos pas de ce côté, renseignez-vous près des habitants, l'endroit vous sera indiqué... Dans tous les cas, allez voir la grotte du diable, et là, vous entendrez des bruits, oui, des sons plus sonores que ceux du bon Dieu de St-Flour qui fait seulement hou... hou... hou.., rien que ça.

Ici vous entendrez par la tempête, le diable prisonnier qui hurle, hurle toujours et sans trève... et pour le faire se taire, la mer est forcée de lui barrer le passage, de se précipiter sur les parois en retombant en écume blanche... c'est la vengeance de la bonne fée.

Baie d'Audierne. – Combat du Vaisseau les Droits de l'Homme 1797.

Il est des victoires qui n'honorent pas... c'est, quand le vainqueur mettant son épée dans le plateau de la balance, fait rendre gorge à son adversaire, victime de trahisons, vaincu par les éléments... par le nombre.. *Væ Victis...* un sentiment de haine persiste, et un jour ce sentime n réveillera les morts de leur repos sanglant... Il le comprenait bien, Alfred de Musset, sa strophe patriotique flagelle comme un coup de fouet, et le groupe *Gloria Victis* de Mercié ne reproduit pas cette ironie amère : Musset répond aux forfanteries du poëte allemand *Wieland*.

Si vous avez le Rhin allemand.
Lavez-y donc votre livrée,
Et parlez-en moins fièrement,
Combien au jour de la curée,
Etiez-vous de corbeaux, contre l'aigle expirant.

Il est aussi, des défaites honorables. Le souvenir de Léonidas aux thermopyles a traversé les siècles. On cite toujours *la garde meurt et ne se rend pas*; on se rappellera de Reischoffen, du mot sublime du colonel de Septeuil auquel on donne ordre de charger, simplement il répond... mais c'est la mort pour tous? Le salut de l'armée en dépend... Enfants, crie-t-il, en avant, et il prend la tête. Ne se souviendra-t-on pas toujours de cette infanterie de marine chargeant sous la mitraille? arrachant à Guillaume vainqueur, cet aveu qui restera à jamais leur gloire.. Oh! les braves gens.

Nous aussi, souvenons-nous avec orgueil du combat du vaisseau les *Droits de l'Homme*, 15 nivôse 1797... Dans deux ans se présentera le centenaire, et nous retrouverons Monsieur le Maire de Plozévet, dont le patriotisme nous réunira tous sur la plage... Il me le disait encore aujourd'hui 26 mai 1895.. Hier aussi, je retrouvais un riverain qui me disait... mon grand père a laissé dans la famille un souvenir oral... « J'étais là, et la tempête faisait rage » un menhir monument historique existe sur la plage de Plozévet, et nous devons à M. Lucien Le Bail, un discours patriotique.

Rappelons sommairement les faits..... En Bretagne, l'anglais n'a jamais été connu, comme un ami loyal de la France, sur les malheurs de laquelle, il n'a su verser que des larmes de crocodile.

En 1796, le Directoire soupçonnant à juste titre, que le cabinet anglais travaillait de nouveau, à coaliser contre la France, résolut de l'en punir, il donna quelque retentissement à la formation d'une armée d'Angleterre, d'un projet de descente, dont l'exécution devait être confiée à Bonaparte, déjà redouté par eux. L'alarme de la nation anglaise fut grande, elle rassembla ses flottes à l'embouchure de la Tamise. Le Directoire envoie en secret le général Humbert en Irlande avec des troupes de débarquement. La première division de l'escadre mit à terre un millier d'hommes, quelques succès furent suivis de revers, et général et troupes furent contraints de se rendre. La seconde division fut surprise au mouillage par l'escadre anglaise qui vint l'attaquer; elle était trois fois plus nombreuse.

Un vaisseau français sauta dans l'action, trois autres furent obligés d'amener leur pavillon. Ainsi échoua l'expédition mal conçue.

Le vaisseau, les *Droits de l'Homme*, devait faire partie de l'expédition; il sortait de Brest avec 650 hommes d'équipage, et 580 soldats de la légion des francs.. La tempête le sépara du reste de l'expédition, et pendant quatre jours il resta au mouillage dans la baie de Berntry, où il perdit deux ancres.

Devenu en quelque sorte le jouet des flots, incertain, il erra pendant plusieurs jours, et se retrouva aux environs des roches de Penmarc'h, entrée de la baie d'Audierne. A travers une brume épaisse, il aperçoit au large, une voile, puis encore une seconde. Donnons de suite les noms des trois navires et des trois commandants :

Droits de l'Homme, capitaine LACROSSE.

L'Anglais indéfatigable, capitaine PELLEW.

Frégate *Amazône*, capitaine REYNOLDS.

Lacrosse se tint prêt, quand il prévut l'attaque.

L'indéfatigable, vaisseau rasé, le rejoignit le premier; quand une portée de canon les sépare, l'anglais envoie une bordée et la lutte commence. Par une bordée, le Français riposte, et la soutient par un feu roulant de mousqueterie.

Lacrosse ordonne d'ouvrir la batterie basse... Malheur! la mer qui entre à plein sabords oblige à le fermer.

L'Anglais essaie de passer sur l'avant, mais le Français prompt à prévoir la manœuvre, envoie à l'ennemi la bordée qu'il lui destinait dans la première position.. La lutte continue jusqu'à six heures du soir, quand l'Amazône, nouvel ennemi, apparaît : la frégate se place prudemment devant le Français, canonne les Droits de l'Homme, impunément jusqu'à ce que Lacrosse réussit à mettre les deux adversaires par son travers. A 7 heures 1/2, le feu du Français avait été assez nourri (bien qu'il ne put faire usage de la batterie basse) pour forcer les deux adversaires à se retirer pour réparer leurs avaries.

Lacrosse fait rafraichir ses hommes, reprend la lutte.

Le but de l'Anglais est de détruire les mâts du français, qui lui, vise aux batteries.

Lacrosse blessé au genou à deux heures du matin, confie le commandement à Prévost-Lacroix, second; mais en lui disant : « Assurez l'équipage qu'on n'amènera pas ».. *Vive la République*, fut la réponse de l'équipage... A 6 heures 1/2, le cri Terre retentit.

Lacrosse porté sur le pont, contempla triste-ment son navire.

Deux bas mâts hâchés ne peuvent plus supporter de voilures. Il faut faire cesser la lutte, et l'Ama-zône est échouée depuis une demi heure, pendant que l'Indéfatigable gagne le large.

La lutte avait duré 13 heures; continue, acharnée, quand les Droits de l'homme s'enfonce dans le sable. Il a tiré 1,750 coups de canon.

Maintenant il va avoir affaire à un ennemi plus redoutable, la tempête, le vent d'Ouest souffle avec violence, et à l'est il y a une chaine de rochers.

Derrière ceux-ci, ô honte pour eux, il y a des riverains qui ne voient dans ces malheureux combattants, que victimes à dépouiller, et qu'ils repoussent au lieu de tendre en compatriotes une main secourable.

Un premier naufragé parvenu au rivage, poussé par la faim, pénètre dans un village. Des animaux fraîchement tués, sont là, suspendus, soit pour une noce, soit pour un festin.

Le naufragé ne comprend pas la gravité de ses paroles : « D'autres hommes, dit-il, vont atterrir, à bord ; ils sont affamés, en grâce qu'on ait pitié d'eux. » Oui, je comprends dit le paysan qui se dirige vers le lieu du sinistre. Un câble vient d'être tendu, et fixé à un rocher. Vingt hommes et plus y sont raccrochés, suprême espérance, ils vont gagner la terre.... Chose horrible à révéler : un coup de hache coupe le câble, et la grappe humaine est engloutie dans les lames furieuses... Dieu soit loué... le nom du paysan riverain n'a pas été connu et on ne saurait que le maudire. (il y a cent ans).

Ce ne fut que le prélude; diverses embarcations sont jetées à la mer... Les malheureux entassés, et parmi eux deux femmes et six enfants, anglais capturés sur le vaisseau ennemi *Calypso*.

LE BAIL, Maire.   DEBLANT

On compte aussi, Châtelain, lieutenant de vaisseau blessé au bras droit; Joubert et Müller, enseignes; Tonnerre, maître d'équipage, tous ils furent brisés sur les rochers.

Enfin une heureuse saute de vent survient, et le cutter l'*Aiguille* et la canonnière l'*Arrogante* partent d'*Audierne* pour sauver les survivants.

Dans le rapport de Lacrosse, je relève ceci. Un homme dans le naufrage m'ayant dit : « Mieux vaait se rendre que périr ainsi. » — « Non, mon ami, puisque j'ai l'espoir de vous sauver tous. » — Vous aviez raison, dit l'équipage, il ne fallait pas rendre les *Droits de l'Homme*.

Quarante ans plus tard, avait lieu à Plozévet une touchante cérémonie. Des naufragés survivants, ayant à leur tête le major Pipon étaient réunis pour rendre grâce à la Providence de les avoir sauvés. Sur la plage, là où se trouve le Menhir. Alors fut gravée une inscription ainsi conçue... et cette inscription qui de nous ne l'a pas lue ?

Autour de cette pierre druidique sont inhumés environ 600 naufragés des *Droits de l'Homme*, brisés par la tempête le 14 janvier 1797. Le major, Pipon, né à Jersey, miraculeusement échappé à ce désastre, est revenu sur cette plage le 21 janvier 1840, et dûment autorisé à fait graver sur cette pierre, ce durable témoignage de sa reconnaissance. *A Déo Vita, Spes in Deo*. L'inscription fut gravée par M. Godec de Pont-Croix.

En 1882, une nouvelle cérémonie réunissait une nombreuse assistance. La réunion était provoquée par M. Le Bail, maire de Plozévet qui recevait les félicitations de tous.

L'inscription suivante, peut se lire au-dessous de la première : « Cette pierre doublement consacrée par le temps et par l'histoire, a été sauvée de la destruction, l'an 1882, et classée parmi les monuments historiques: Jules Grévy, Président de la République Française; Lagrange de Langre, Préfet et Le Bail, Maire.

Le 10 mars 1887, M. Le Bail, profitant d'une marée d'équinoxe a été heureux de retirer trois canons, enfouis, à 1m50.

Nous étions nombreux là encore. Ils étaient couverts de rouille, et rongés par les sels de mer. M. Le Bail, doit les faire transporter aux pieds du Menhir, situé non loin de l'endroit, où on les a trouvés.. M. Le Bail animé d'un sentiment vrai, nous dit et nous l'approuvons... « Ainsi réunis à la pierre qui après le combat fût le point de mire, pour atterrir, des survivants des *Droits de l'Homme*, et à laquelle les premiers naufragés ayant pris terre vinrent fixer un câble pour mieux aider au salut des autres survivants, parmi lesquels, 50 prisonniers, dont le major Pipon ; le monument recevra le caractère d'une double consécration. »

Le chiffre généralement admis des pertes est de 400, des survivants de 950. Ceux-ci furent conduits à Audierne. De la pointe du Môle, presque de la montagne on peut apercevoir ce champ de lutte et de mort. Plusieurs touristes se font conduire au Menhir de Canté, sous Plozévet, à gauche, à deux kilomètres de la route qui mène du Pont-l'Abbé à Audierne.

M. Lacrosse, de Brest, sénateur de l'Empire que beaucoup parmi nous ont connu, était fils du Héros, commandant les *Droits de l'Homme*.

Au lieu dit Fountounigou, en Plouhinec, presqu'en face du rocher la gamelle, et un peu partout sur les falaises opposées au Môle d'Audierne, que des milliers de touristes fréquentent chaque année, on trouvait il y a deux ans, en 1893, des os:

sements blanchis par l'action réunie et du temps
et du sable... Il y eût grand émoi dans la contrée,
car la tradiction orale n'avait laissé aucune trace,
ou du moins elles étaient vagues.

Quand par suite de défrichements on les mit au
jour, comme toujours de nombreux racontars
eurent lieu.. C'était des ossements de géants, etc.
Il est si facile d'agiter la crédulité populaire.. Je
dus à l'obligeance de M. Piriou, Maire de Plouhinec,
d'avoir pu copier dans les archives du 25 nivôse
1797, les documents qui m'ont permis de reconsti-
tituer l'histoire des cadavres, et cela sans nul
doute possible. Les journaux de la grande presse,
se sont emparés de l'article qui a parcouru la
France. *C'étaient les ossements des marins anglais
du vaisseau Amazône.*

Un hasard m'a fait me rencontrer avec un riverain instruit et bien renseigné, du crime commis
par le paysan dont on maudirait le nom s'il était
connu. Une noce avait lieu, au village de Kéristin,
près la chapelle de St-Demmet, un des convives,
craignit que des malheureux affamés ne vinssent
dévorer, *le fricot,* déranger la noce de St-Demmet.
Ce fut la cause du crime.

Audierne

I

Assise à l'embouchure du Goyen, baignée par les flots de l'Océan, qui deux fois par jour viennent combler son port, *Audierne*, à bon droit peut prendre le nom de ville.

Les flots du Pactole, ne roulent pas plus d'or, que cet affluent journalier, quand la pêche favorise nos marins... C'est la richesse pour le pays, et pour tous les environs.

Plusieurs des enfants d'Audierne se disent : Comment un écrivain ne vient-il pas dire un mot, de la vitalité, du mouvement qui se produit journellement sous nos yeux, et par la pêche et par l'activité commerciale de notre petite ville? Comment, quelqu'un parmi nous, ne fait-il pas appel aux étrangers qui repartiraient étonnés, émerveillés, et de notre industrie et de notre hospitalité.

J'approuve ce sentiment et ce souhait.

Rassurez-vous, je ne suis certes pas une plume autorisée, mais je puis vous dire en sincérité, que votre localité devenue tête de ligne, station forcée pour le voyageur qui se rend à la pointe du Raz, mérite mieux qu'une visite... et Audierne, est la clef du Cap-Sizun.

Dans la population bretonne, Audierne, conserve son ancien nom (*Goyen*), mais nulle part dans le commerce, dans l'administration, ni sur la carte, vous ne retrouverez ce mot... C'est le nom de la rivière, qui prenant sa source près de Quimper, traverse Pont-Croix, d'où navigable par trois kilomètres de diagonale, elle vient se jeter dans l'Océan à la porte d'Audierne. Ce dernier nom lui-même, n'est pas euphonique en Breton, il est même presqu'impossible.

Le langage Breton est rude par lui-même, malgré tout l'habitant s'écorcherait la gorge en disant : *Deut da Audierne*... Venez à Audierne... il dira *Deut da Goyen*.

Un romancier a écrit, comment fut bâtie Audierne. Oui mais c'est du roman, voila tout... Ne nous défions cependant pas du romancier historique, qui souvent dit plus de vérités qu'un médiocre historien... Celui-ci narre souvent des faits inexacts, contrairement au romancier qui dépeint avec une liberté plus grande des mœurs, des usages, l'esprit d'une ville, d'un peuple. Ses tableaux ne changent pas... Seules, les années amènent quelques modifications peu importantes... On n'avait ici à peindre que les mœurs maritimes, aventureuses d'une cité, dont l'origine se perd dans la nuit des temps.

Localité très-vieille sans contredit... on y retrouve des demeures du XVme et du XVIme siècle, contemporaines de ce beau monument de la ville voisine, Pont-Croix, qui se fait gloire de montrer aux étrangers, N.-D. de Rosenlon (*tertre du ramier*) qu'on ne saurait trop admirer.. C'est n des *monuments historiques* dont la Bretagne s'honore, et au moment même où j'écris ces quelques lignes, on prépare de grandes restaurations.

Les vieilles demeures d'Audierne sont encore debout, modèles du moyen âge.. pierres de taille, appartements spacieux, ouvertures larges, poutres massives et contournées, demeures froides pour nos climats... elles portent sur le frontispice, les noms de ceux qui les ont fait construire... usage du bon vieux temps.

Ville d'armement, de pêche, son accroissement ces dernières années saute aux yeux de tous... ses enfants en sont fiers à juste titre... on s'aperçoit que c'est avec plaisir qu'ils en parlent, et c'est aussi avec plaisir qu'on est heureux de leur en faire la remarque.

Une voie romaine traversait le pays, jusqu'aux environs du bec de Raz... A St-Thei, à Castel-Meur, ne trouve-t-on pas d'une manière indéniable des vestiges de l'occupation des maitres du monde? Cette voie romaine avait une ramification sur Audierne, près du môle actuel et sur la rive opposée.

On peut incontestablement le dire aussi... des flottes remontaient le *Goyen*.. Près de Pont-Croix, se trouvait un port d'hivernage.. les noms anciens sont encore là... ne nomme-t-on pas, Stivel, *Parc-Stivel*, un endroit de la rive, anse du Moulin Vert, où le chemin de fer passe actuellement.. *Stivel*, est un vieux mot breton, qui veut dire navire, et ce mot est encore en usage dans une partie de la Bretagne... C'était ici un endroit d'abordage pour les barques de l'époque.

En 1874, on construisit une digue, dont je suivais les travaux, que trouva-t-on dans le fond de la vase, terrain d'alluvions amoncelées depuis des siècles?... Des bois témoins de cette époque, résistants encore, malgré leur vétusté et leur séjour prolongé à une profondeur de deux mètres... on n'ignore pas du reste, comment ce milieu impénétrable à l'air, conserve les bois de constructions, et c'est encore ainsi que l'on conserve les bois de la marine.

Le niveau a donc bien baissé depuis des siècles. Dans le *Raz de Sein*, j'ai parlé de l'affaissement progressif du littoral à différents endroits de nos côtes, et assurément il est remarquable ici.. il n'est pas nécessaire d'avoir le demi-siècle pour en avoir fait la remarque, pour avoir vu des navires de fort tonnage remonter la rivière... Celle-ci s'ensable tous les jours; quelques navires légers, s'aventurent encore, mais moins fréquents.

Le char du progrès, le chemin de fer, vient au mieux réparer le dommage fait.

Une pente douce, d'environ trois kilomètres, longeant la rivière mène à Audierne.. En petit, il rappelle le chemin de la Corniche, à sa partie basse... mais là, ce sont des palmiers, des citronniers, des orangers, dont l'ombre va se mirer dans la Méditerannée... Ici, ce sont des landes, des bruyères, du genêt qui font couronne; mais qu'importe? une mère est toujours belle pour ses fils, même la plus belle... et la Bretagne est notre mère.

Vantez donc à l'Irlandais, le beau soleil de France et d'Italie. Que lui importe les *fruits d'or* et *les roses vermeilles, une brise plus douce, un oiseau plus léger*... tout cela ne vaut pas la toute verte Éryn... et nous mêmes à quoi donnerons-nous la préférence? La verte Normandie, la belle Bretagne offrent des sites plus gais, plus agrestes que ce midi de la France, où le soleil brûle tout .

L'administration avait transplanté pendant quelques années, un fonctionnaire breton dans le centre de la France... Dirigeant mes pas, il m'y faisait admirer de vastes plaines, d'immenses champs cultivés de l'Allier, riches, mais nus et monotones, ne disant rien au cœur... « Que c'est loin, me disait-il, de valoir notre belle Bretagne, aux collines si boisées et si gaies.» Il me conduisait le lendemain dans un endroit retiré, véritable oasis dans ces plaines. « Voilà, me dit-il, ma promenade, les jours de tristesse »... Et c'était... quelques petits champs entourés de fossés boisés, une verte prairie traversée par un clair ruisseau, et comme un mirage, une riante maison couverte de petites ardoises, dont les reflets bleuâtres rompaient la monotonie de cette brique rouge, qu'une mousse verte dédaigne même de recouvrir... En un mot, on se serait cru en Bretagne.

Riverains du Goyen, couvrez vos collines de ces pins maritimes que les vents d'Ouest ne courbent pas, et vous offrirez aux voyageurs, un riant et inoubliable paysage... C'est, au reste, déjà fait au dernier kilomètre, quand vous arrivez près du pont en fer, donnant passage à la route qui mène à Pont-l'Abbé.

Jetez alors un coup d'œil de chaque côté.. tout le long de la voie, vous avez côtoyé la rivière, les eaux viennent baigner les rails.

A l'arrivée, deux superbes demeures frappent vos regards et de droite et de gauche.

Dans ses impressions de voyages, Victor Hugo, parle de deux châteaux situés sur la rive opposée du Rhin.. on les nomme *Die Breüder*, les frères... demeures féodales dont les deux frères étaient seigneurs... une portée de fusil les sépare à peine.

Depuis leur mariage, une haine atroce sépare les deux frères, chacun d'eux reste sur la rive opposée, redoutant de se retrouver dans les mêmes sentiers, ne prétendant qu'une même poussière vienne maculer leurs chaussures, ne voulant pas respirer le même air.

Chaque jour, on les voyait monter aux tourelles élevées des donjons d'où ils peuvent s'apercevoir, sans que leurs voix puissent se faire entendre. Ce manège dura une longue vie, sans que le moindre geste de réconciliation y vint mettre un terme. De ces sommets, ils purent voir, à la suite des années, leurs corps se courber, leurs barbes blanchir, tandis que leurs yeux se lançaient des éclairs haineux qui allaient, déchirant *la robe verte du Rhin allemand*.

Oh! qu'ils eussent mieux fait de lever l'un vers l'autre une main amie, et de se porter une santé avec *leur petit vin blanc*.

Un jour, l'un d'entre eux manqua à la visite, quelques jours après, le plus jeune ne parut pas non plus, à la tourelle

Cette haine fraticide de deux êtres créés pour s'aimer fut punie de Dieu... Les témoins sont les sommets démantelés et en ruine, où l'on n'entend plus que le cri lugubre des oiseaux de nuit.. Le guide les indique du doigt aux touristes, et leur dit : « Die Brüder »... les frères...

Ici, je vous indique aussi deux demeures, construites aussi, à même époque, par deux frères; mais ceux-ci sont restés amis et unis pour leur bien propre, et le bien de leur pays. Au pied de l'une de ces demeures, spécimens gracieux du génie moderne, ils ont établi une usine de produits chimiques.

Autrefois, les cristaux de soude, produits de nos côtes, se transportaient au loin. Leur industrie extrait de ces soudes de varechs, l'iode et ses dérivés, le brôme et ses dérivés, les sels de potasse, etc.. le tout pour une valeur qui est un secret pour eux, mais évidemment de grande valeur. Donnant suite au courant moderne, sur la rive opposée ils ont encore une usine, fabrique de conserves pour les produits de la pêche... ils ont encore enrichi la ville de vastes constructions... C'est encore à la famille de Lécluse, frères, que la ville d'Audierne doit son hôpital, asile des vieillards et son école maternelle pour les enfants du peuple.

Le touriste est arrivé à la gare et la ville se dérobe à sa vue. Un pan de murailles, qui espérons-le, disparaitra bientôt, dissimule la perspective... L'étranger fait quelques pas, et la première impression est de dire... C'est coquet!.. Des maisons blanches s'alignent, les hôtels, la marine, les écoles... le tout coupé par des jardins qui abritent par leurs arbres et leur verdure, au-dessus de la longueur des quais où vous apercevez nombreux navires.

En pénétrant, vous laissez, à votre droite, des constructions nouvelles, nouveau quartier promettant de s'étendre encore... A l'arrivée, une petite promenade couverte d'arbres jeunes encore. Les collines enserrent la ville, et une grande agglomération de maisons devient impossible, on cherche bien à s'étayer sur la montagne, mais comment pourrait-on tracer des rues ?

L'éternel Calino, parlant d'une grande ville, disait : Les maisons m'ont empêché de voir la ville... Eh bien ! il ne croyait pas si bien dire ce naïf malin... une agglomération de maisons ne forme pas une ville... C'est sa vitalité, son activité commerciale qui lui donne un cachet... La vérité est cependant celle-ci, cet enclavement, si je puis l'appeler ainsi, contient encore une population de quantité peu négligeable; Audierne relié à

Poulgoazec, s'agrandissant chaque jour, flanquée
de ses collines, de sa montagne, de nombreux
villages suburbains, compte une population flot-
tante respectable... et notez ceci encore, elle est
à la porte de Pont-Croix qui lie ses intérêts à ceux
d'Audierne, dont elle n'est plus qu'à huit minutes
de distance.

Touristes, ne venez pas en hiver, n'arrivez pas
quand la pêche ne donne pas. Quand les villes
d'eaux ouvrent leurs saisons, les rues regorgent
de monde, les hôtels ne trouvent plus de chambres,
les équipages fringants sillonnent les promenades
où les toilettes du jour se font admirer... Les
clubs, les cafés sont combles, et voici... quand
sonne l'heure de la fermeture, comme les hirondelles, tout disparait ; quelques mois de brouhaha,
et les portes fermées, on dirait une ville morte...
N'est-ce pas de même pour les ports de pêche, et
les touristes s'en vont désillusionnés et l'écrivent
parfois... Parbleu ! ils ont mal choisi leur moment... C'est là une des erreurs d'un touriste
fameux, infatigable, à propos d'Audierne... il s'en
était éloigné désillusionné, se promettant de ne
plus revenir.. il y revint cependant et se retracta
quelques lignes plus loin : « On nous a changé
Audierne, c'est notre cri en revenant, la mer aujourd'hui bat le long des quais, les barques de
pêche sont rentrées, il y a bien de 600 à 700, nous
tombons au moment d'une extraordinaire animation, etc. »

Attendez donc, touristes, les hirondelles et lais-
sez-les faire même leurs nids.. en juin, juillet,
août et septembre, voilà les mois les plus propices
et les plus gais.. non pas que le commerce cesse,
mais ce n'est pas la même animation... et de fait,
on ne compte ici que quatre mois de saison morte..
Il y a toujours l'hiver quelques navires en relâche,

ou de saison... C'est un danois qui débarque d'immenses blocs de glace, que l'on empile dans les glacières pour les moments de la canicule. Ce sont des navires à charbon pour les usines, et pour la saison prochaine, ce sont quelques courriers pour Pont-Croix, pour Audierne, et c'est tout.

Quelquefois, cependant, une tempête du large rassemble pour quelques jours dans le port, une véritable flotte, des centaines de bateaux, chaloupes des ports voisins, se voient contraints de demander un refuge... mais alors ce n'est pas gai... le marin qui n'a pas le sou, est triste à bord, et voyez la figure de mauvaise humeur du boulanger qui rechigne à marquer des crédits...

A la belle saison, quel changement! et l'on peut escompter huit mois de mouvement.. en somme; ce moment de relâche a son bon côté... Ces quelques mois de répit ne sont pas de trop pour faire le vide du trop plein des magasins... C'est comme un exutoire fixé par la nature.

Le manque d'agglomération, en disproportion réelle avec l'importance de l'industrie locale, attire, des environs, forains et fournisseurs; chaque jour est presque marché. Dès l'aube, les chemins se couvrent de voitures, les bouchers, boulangers viennent de Pont-Croix, et d'ailleurs, de Tréboul même... les bouchers installent leur étal, dans une halle *qui a le ciel pour pavillon*, et là tout se taille, se découpe, se pèse... il y en a pour tous et pour les navires en relâche et pour le Cap-Sizun, et pour l'Ile de Sein. Journellement une trentaine d'étalages de fruits de la saison, tous en ligne, tiennent la place... Chaque soir, ces forains, ces fournisseurs repartent pour revenir le lendemain.

Je fais le souhait de voir arriver, au moment psychologique, quand les barques rentrent à l'heure du flot... elles se pressent l'une contre

l'autre, par couples jumeaux, trois, quatre ensemble. Les filets sont hissés à la corne des mâts
qui sont forêts, dégouttant encore humides sur les
ponts, blancs d'écailles et de sel; les uns font
sécher leurs voiles, couleur de rouille, qui
claquent au vent. Les uns ont donné à leurs filets
la teinte d'azur de la mer, et pourquoi? C'est qu'il
ne faut pas effaroucher le poisson qui se précipite
sur la rogue semée pour les affriander.. Dans ce
bas monde, tout est tromperie.

A travers ces mailles, vous apercevrez l'horizon,
les coteaux couverts de maisonnettes de pêcheurs,
la largeur du bassin que de nombreux canots
remplissent, où les mousses s'escriment, à la
godille, près de ce pont, près de cette route qui
amènent de nouveaux voyageurs... mouvement
perpétuel, bruit assourdissant du pas trainard
de pêcheurs qui rentrent, qui circulent, qui vont
d'une cale à l'autre, portant sur leurs dos des
échafaudages de filets. Pour quelques personnes,
c'est le spectacle curieux de l'arrivée de la marée,
à ses cales spéciales, trafic journalier, où la ménagère, les maitres d'hôtels, les corbelleurs
viennent faire leur choix, à moins que le maroyeur
habile et discret n'ait des commandes, et les bons
morceaux sont pour lui. Le langage, dans ce rassemblement, étonne l'étranger qui n'a pas l'oreille
faite aux gros mots plus ou moins épicés de gros
sel.

Quand l'heure de midi sonne, c'est une cohue,
alors que les *fritures* ouvrent leurs portes... c'est
par bandes de cinq et six que femmes et fillettes,
en tablier blanc, vous passent, à la hâte, elles vont
prendre quelque nourriture, les unes, dans leur
famille, les autres sous quelque abri; car elles
viennent un peu de partout, des environs, de
deux lieues à la ronde... à la hâte vraiment, le

travail se faisant à la tâche, et, s'il faut rester toute
la nuit, on dormira quand on pourra... A cette
heure aussi, ferblantiers, soudeurs, boîtiers,
hommes de peine vont au repas... tout cela se
croise, s'entr'croise, s'interpelle ; ne vous arrêtez
pas trop à les compter, car les postillons qui passent ne crieront : *gare!* qu'après avoir raccroché
le badaud.

Le bidet, qui trotte menu et vite, ne badine pas..
et quand on se présente au moment de la marée,
vous voyez passer sous vos yeux les paniers
pleins de belles et grosses sardines fraîches, au
dos bleu de prusse, moiré de vert, au ventre d'argent... et tout cela passe à la *friture* où beaucoup
de bras attendent le travail..

Quelques rares paniers vont à des femmes
agenouillées, qui préparent des expéditions pour
la contrée, pour les corbelleurs *Jacques Broment*
et autres... vous voyez jeter le sel à poignées, ce
sera un régal pour tous... heureux notre pays
auquel le bon Dieu prodigue cette manne annuelle!
heureux quand la pêche abondante assure la vie
à bon marché ! De son côté, le marin retourne à
une nouvelle marée, avec plus de courage : il se
dit : « mon pain d'hiver, si difficile à gagner, est
assuré. » l'industriel qui empile dans ses magasins,
caisses sur caisses, fait ainsi ses rêves, calcule
ses nouveaux débouchés qui sont le monde entier.

En ce moment, d'autres commerces sont en activité... gens du pays, nous ne sommes nullement
frappés de ce spectacle qui nous est ordinaire...
mais il n'en est pas de même de l'étranger qui
s'étonne de ces navires en partance, en arrivée...
Sur les quais, on charge et on décharge; des piles
de bois sont alignées, des ballots de cordage, des
caisses obstruent le chemin le long des quais; des
fûts, des tonneaux de toute essence, des phos-

phates, des plâtres, des choux, des briques, tout
cela pour le vaste canton, pour sa pêche pour sa
marine... En un mot, à cette époque, c'est une
vraie ruche commerciale, où chacun passe,
repasse, va à ses affaires.

Les matelots, pour se consoler du dur métier,
pour remplacer le sommeil de la nuit, que les
ombruns ont enlevé, vont aux diverses tavernes,
nombreuses sur le parcours, portes grandes ouvertes... l'alcool ne semble pas nuire à ces loups
de mer, et la régie, que dirait-elle, si l'on fondait
une société de tempérance?... On l'a bien essayé
ailleurs, mais on a n'a pas eu grand succès, et j'en
faisais l'observation à Marseille.

Vous voyez bien un vaste local sur les quais, il
est ouvert aux marins de toute nationalité... rarement vous voyez les portes s'ouvrir, et cependant
le marin y trouve gratuitement de la bière, et
aussi gratuitement, il entend la lecture de la bible
c'est, par-dessus le marché, malgré tout, les portes
s'ouvrent rarement.

Tous ici ne vont pas aux auberges, une bande
a apporté une brassée de ramée. Quelques-uns,
sur l'arrière de la barque, se restaurent d'un fru-
gal repas, tandis que d'autres, sur un matelas qui
n'est autre que le banc dur et humide, dorment
consciencieusement à poings fermés.

> On peut bien manger sans nappe,
> Sur la paille on peut dormir.

Si le voyageur a déjà été peu édifié des détritus
de la marée, que les flots n'ont pu enlever, gisant
le long du bord, je ne l'engage pas à pénétrer dans
les usines de pêche. Ce n'est pas précisément le
palais de cristal, où l'on peut se promener en
bottines vernies... ici les robes à traines seraient
gênantes.

Je prends à partie un touriste forcené, artiste remarquable : Alexandre Nicolaï, qui, dans un moment de mauvaise humeur, écrit, en parlant d'Audierne : Pouah! quelle infection qui vous soulève le cœur, un inimaginable relent d'huile, d'iode et de poisson passé qui alourdit l'air, vous serre la gorge, semble pénétrer vos vêtements! C'est une symphonie d'odeurs mijotantes, comme Zola, seul, pourrait transcrire, qui éclate de partout, des barques, des barils de rogues nauséabondes, des filets, des vases transformées en charnier, des usines, des gens qui vous frôlent, etc. » Vraiment ce touriste ne va pas de main-morte.

M. Nicolaï est du midi... qu'il nous parle donc des huileries, des savonneries de Marseille et autres! Mais c'est la gloire d'un commerce quand il sent son fruit? N'indique-t-il pas qu'il est florissant?... Soit, comme dans les autres ports de pêche, un peu plus de propreté serait à désirer; mais cela plairait-il au pêcheur qui semble dire comme le fameux La Fontenelle. « Le cadavre d'un ennemi sent toujours bon. » Et le marin breton ne dit jamais la pêche... il dit : tuer le poisson... *laha ar pesket.* Il considère donc le poisson comme un ennemi, une victime que l'on doit sacrifier.

Pendant d'autres pêches, à d'autres époques, un spectacle curieux se présente... Vingt, quarante, cent voitures partent au trot, au grand trot, se suivent au galop à quelques pas de distances, je n'exagère pas.. les chutes sont rares et peu remarquées. Le breton, qui a la tête si dure, remonte sur le siége, sans s'épousseter, sans se tâter les membres; il reprend au galop le terrain perdu... Dam. — *times the money...* il fallait arriver à l'heure du train, et souvent on n'a que le temps strict voulu pour un temps de galop.

Rarement les petits chevaux tombaient, mais,

de bonne heure, ils mourraient à la peine.. trois, quatre campagnes, c'est tout, c'était tout dois-je dire... et je mets au passé hélas! l'industrie de ces petits charrois est à l'agonie... malheureusement, non pour le bidet, mais pour les petits fermiers des environs de Pont-Croix et d'Audierne, et c'est près de cent cinquante mille francs que les chemins de fer vont enlever aux petites bourses... Sans doute, l'avantage est pour le nouveau moyen de transport... mais il faut le reconnaitre, le progrès est la fin inéluctable de bien de petites industries. Comme les grands magasins tuent le détail!.. Que nos petits commerçants essayent donc de lutter contre les grands magasins du *Louvre* et du *Bon Marché*, etc!.. L'avenir nous dira, si cela ne doit pas avoir un terme, alors que toutes les fortunes se concentrent dans les mêmes maisons... Laissez donc venir.. *Struggle for life* est là... A qui sera la dernière parole? Quoiqu'il en soit, je regrette ce pittoresque de jadis, ces files de voitures se passant, se dépassant, culbutant quelquefois; mais les postillons étaient fidèles à se retrouver au même point, à quelque maison sur le bord de la route, qui n'ont souvent, pour enseigne, qu'une branche de laurier... On n'en construit plus autant le long des chemins.

Oui je l'ai déjà dit, et plus que jamais je le répète.

Le progrès est la fin de bien des industries... Voici un exemple récent: L'industrie des conserves alimentaires, donnait de l'ouvrage, par conséquent le pain quotidien à une classe d'ouvriers... des centaines de boitiers, soudeurs, trouvaient un travail rémunérateur, demandant peu d'apprentissage; ces travailleurs dormaient tranquilles, rien ne semblait les menacer. Tout-à-coup, on invente une machine qui va leur couper les bras..

un seul homme fera l'ouvrage de dix-huit.. Grande est l'intelligence humaine! me direz-vous? Dans ce cas, c'est triste... Arrachez donc un os à l'animal affamé! Voilà le cas... L'industriel, ou du moins, son représentant se présente à Audierne.. nos ouvriers alarmés s'émeuvent... Qui donnera du pain à nous, à nos femmes et à nos enfants. Nous voilà réduits à chercher une autre voie, et laquelle?

L'industriel est menacé, il résiste. Retirez-vous, dit la foule, déterminée à tout... L'agent se voit forcé d'abandonner la place, heureux d'en être quitte à si bon marché.... car tous, hommes, femmes, enfants sont là... *Struggle for life...* la lutte pour la vie... et certainement la foule serait allée à l'exécution de leurs menaces. La mer était à deux pas, et on menaçait de le précipiter, s'il ne se retirait pas.

Un homme du métier, homme intelligent que j'interroge là-dessus me dit textuellement ceci.. Cette corporation, je la connais, puisque toute ma vie a été consacrée à des entreprises de ce genre. *To be or not to be, that the question...* Être ou ne pas être, voilà la question finale pour eux. C'est évident.

Je vous l'accorde, quelques-uns sont peu dignes d'intérêt, mais ce sont des hommes qui ont été nécessaires, qui, ainsi que leurs familles, ont vécu et qui désormais ne sauraient occuper, dans la société, un emploi autre.. Quel serait-il?... On les réduit à la misère de ce coup. Je leur ai conseillé du calme, de la prudence, d'opposer la force d'inertie; mais à part moi, je frémis, en y songeant. Que vont-ils devenir? et, avec une exagération d'une crudité réelle, il ajouta : « le docteur Roux, le bactériologue distingué, l'honneur de l'humanité, aurait mille fois mieux fait de taire sa découverte

savante, que de venir rendre, à la vie, des
individus auxquels, un jour, on viendra arracher
le pain qui doit les nourrir...» Ces jours derniers, nouvel essai de l'inventeur, et nouvelle
émeute... avec peine, la force armée a pu rétablir
l'ordre.

De nombreuses signatures d'hommes désinté-
ressés, amis des ouvriers, se sont adressés aux
Pouvoirs Publics... reconnaissons-le, députés et
gouvernement se sont occupés d'eux, on a, en
quelque sorte, enrayé l'œuvre néfaste, malgré
les explications plus ou moins rassurantes de l'inventeur... la machine ne fonctionne pas.. et c'est
un moment d'arrêt... C'est-à-dire, me dit ce
praticien intelligent, on a, en quelque sorte,
besoin d'eux... jusqu'à ce qu'on ait découvert une
machine à souder, ce qui arrivera bien un jour,
et alors on ne pourra plus mettre un arrêt.. Pour
le moment, la chose en est là.. mais, si plus tard,
on arrive, si l'on substitue la machine aux bras
qui resteront *sans travail*.. l'épée de Damoclès,
ne laissa pas dormir son philosophe. Quand le
lendemain n'est pas assuré, est-on vraiment
tranquille?

Créez des syndicats, disent les uns.. Faites des
grèves, disent les autres! D'autres répondent, il
en est de même des autres industries, et *vive le
progrès*.. Chacun des non patients cherche son
remède...

Des gens à l'abri, des jouisseurs disent... il y a
encore des terrains à défricher en France, qu'ils
s'y consacrent... Pourquoi pas, pourrait-on leur
répondre, ne pas les expatrier en bloc, et ces *sans
travail*, comme les autres des diverses industries
anéanties, iraient peupler les plateaux de l'Afrique
Centrale, véritable Eldorado, prêche-t-on.. et plus
tard, ne pourrait-on pas les envoyer peupler la

lune qui, dit-on, n'a plus d'habitants... Pour ma
part, en entendant tous ces conseillers, je songeais
à une fable italienne que je venais de lire :

> J'aime à parler des fous, car c'est parler des hommes,
> Érasme même dit que vous et moi, nous tous,
> Plus ou moins fous nous sommes.

Et cette fable italienne venait à point en mon
esprit, je la cite.

Deux fous riverains de la Doire, en Piémont, se dispu-
taient : La rivière va trop vite, dit Paolo.— Moi je vous dis
qu'elle va trop lentement, dit Pietro... Chacun d'eux raison-
nait à sa façon et ils s'arment d'un balai, l'un en aval,
l'autre en amont. Si je précipite les flots dit l'un, ceux qui
suivent auront loi de hâter leur course... Si je refoule, dit
l'autre, ils auront peine à se reconnaître, perdront leur
essor, ils iront plus lentement... Ils réussirent à troubler la
rivière, et telle elle coulait, telle elle coule encore.

> O vous, grands conseillers, dont l'esprit se consume
> A gaver les souffrants de diverses façons,
> Mes fous, c'est vous, leurs balais, votre plume,
>   Leur rivière, les nations
> On vous a vu parfois troubler les flots humains,
> Mais pour les gouverner, il s'agit d'autres mains
> Comme aussi d'une autre lumière,
> Et grâce au maître des destins,
> Sans vous doit s'arrêter ou couler la rivière.

Mais halte-là ! quand loin gronde l'orage, tranquille l'on dort. Quand il éclate au-dessus de nos
têtes, quel est l'abri ? Vite on se met en quête...
Les *Sans Travail*, peu nombreux d'abord,
augmentent, augmentent ; bientôt se nommeront
légion... On s'en aperçoit, les conseils ne cessent
de pleuvoir, s'accumulent.. pendant que, dans
l'avenue d'en face, on s'arme pour la lutte.. on ne
fait encore que s'essayer... Mais souvenons-nous
de 1870, avant la Commune qui fit tant de victimes
et n'était qu'un pronostic... on préludait par des
chansons, par des vers, avant de venir aux actes,
et l'on n'était pas préparé.

Voici quelques-uns de ces vers qui me reviennent à la mémoire :

> Gor.. 's de tout, ils s'engraissent, eux autres,
> .... Pourtant, si nous voulions !!!!
> Ils ont leurs bras, mais nous avons les nôtres,
> Que fait un trou de plus dans nos haillons...

Des paroles aux actes, il n'y eût pas loin, et l'on sait ce qu'il advint.

Bien autre, était la doctrine de Celui qui nous vint il y aura bientôt 1,900 ans... Il disait : « Vous êtes bienheureux, vous, pauvres, parce que le Royaume des Cieux est à vous... Vous êtes bienheureux, vous qui avez faim maintenant, parce que vous serez rassasiés, etc... Proclamation sublime de la dignité humaine... exaltant le déshérité, lui donnant, en quelque sorte, la première place. Il n'y a là, si on le veut bien, qu'un baume sur la blessure.. mais quand on suçait, avec le lait, une pareille doctrine, on enseignait la patience qui permet d'attendre le remède certain... Le Maître en enseignait encore d'autres sur le travail, sur l'aide et la protection que nous devons les uns aux autres ; mais ceux-là on les oublie.

Sont-ils donc en contradiction avec les principes des droits de l'homme, qu'on a raison d'enseigner, et que l'on prône tant aujourd'hui. Cela empêcherait-il d'enseigner les premiers ?

Mais je m'aperçois qu'en empruntant quelques versets au sublime sermon de la montagne, il conduit mes promeneurs aux pieds de ce terme terminus des quais, à Audierne, et que l'on désigne aussi, sous le vocable de la *montagne*, et d'où le touriste jouira d'un des plus beaux points de vue du monde.

. . . .

Quiconque a voyagé un peu partout a pu le dire,

et celui qui n'a pas parcouru le monde a dû l'entendre dire : « Les moines étaient des maitres pour choisir des points de vue. » Avec quelle intelligence, les ordres religieux ont-ils su joindre les horizons les plus vastes, aux solitudes les plus agrestes. Au moyen âge, alors que la science se concentrait dans les cloitres, vous retrouverez partout, dans les vestiges qui nous restent des monastères, la preuve de ce que j'avance. Un des meilleurs facteurs de la réforme en Angleterre, fût la confiscation des célèbres abbayes. Nombreux baronnets, dans cette Ile des Saints, eussent conservé la foi, si l'appât de Formose-Abbey, Mount-Abbey, Abbey-Castle, n'avait pas été là, tentation dorée pour leur adhésion à la réforme et provoquer leur abjuration.

A notre révolution, même spectacle, lisez le dans « La Fin d'un Monde ». Les biens nationaux vendus à vil prix, attirèrent aux Jacobins d'alors, des adhérents qui se taillèrent une large part dans les biens qu'ils n'avaient pas arrosé de leurs sueurs. Devenus féroces conservateurs, ils seraient les premiers à crier : *aux armes!* si l'on venait aujourd'hui toucher à une parcelle de ces biens, qu'ils n'ont cependant pas su faire profiter au peuple, et leur but avoué, était, semblaient-ils dire, de les soustraire à la fainéantise, à la pléthore de la richesse. Ils ne l'ignorent pas cependant, et on est forcé de l'avouer, les moines prêchent d'exemple; nulle part, vous ne rencontrerez plus d'ordre, plus de propreté... leurs travaux, leurs industries saines sont des bienfaits pour les pays qu'ils occupent, et eux sont les seuls à n'en pas profiter. Agriculteurs de premier ordre, leurs troupeaux sont des modèles, leurs fromageries des écoles; on achète, les yeux fermés, les semences de leurs cultures, qui jamais ne sont frelatées.

Je vous engage à visiter les Sept-Fonds dans l'Allier... Quels troupeaux splendides, vous arrachant des cris d'admiration!.. Quelles industries, rapportant au fisc des centaines de mille francs... Et eux-mêmes restent pauvres, vous les apercevez à peine... Allez à Aiguebelle, partout jusque dans les déserts les plus sauvages, vous les verrez créer des paradis terrestres.. A quelques kilomètres de Rodez, si comme hôte vous visitez les Grandes Combes, vous serez étonnés de trouver la lumière électrique installée, bien avant nos villes, par un Père Abbé, ancien élève distingué de l'école Polytechnique.

Ne vous étonnez donc plus si au sommet de cette petite montagne d'Audierne, un couvent aussi s'édifiait en 1612, admirable enclos des Capucins, d'où l'on peut jouir d'un panorama splendide... On dut sa construction à la magnificence du Seigneur du Ménez, alors Seigneur du pays et résidant à Lézurec-en-Primelin, commune voisine.

A la révolution, il devint bien national, changea ensuite de mains à plusieurs reprises... en 1816, on songea à y établir le petit séminaire diocésain... La préférence fut donnée au bel établissement de Pont-Croix, datant de 1610.

De nos jours, le magnifique enclos des capucins est la propriété de la famille de M. l'inspecteur général Fenoux, honneur de son pays. Nombreuses choses antiques ont été conservées près de la splendide demeure qu'il a fait construire.

D'immenses jardins le décorent, arbres séculaires, pins parasols, comme dans le midi, les chênes verts y donnent le plus bel ombrage.

L'altitude de quelques arbres les a marqués comme point de repère aux nombreux navires et bateaux qui cherchent la passe assez difficile d'Audierne... Pour jouir du plus beau coup d'œil (en somme, la beauté des horizons est à tous et la jouissance du beau est un sentiment élevé de l'âme) les moines ont construit de hautes terrasses qui divisent la propriété en croix latine.

Sur une de ces terrasses est un chef d'œuvre de science et de patience, un cadran solaire, datant de deux siècles, témoignant d'une grande science chez un humble religieux; il a su y graver les figures les plus savantes, les plus exactes de l'antiquité, grecque, égyptienne, etc...

Le nom de l'auteur n'y est pas; une simple inscription latine, évidemment gravée par l'humble savant, réclame du visiteur curieux, un simple *ave maria* pour l'auteur inconnu.

Du bas de ces hautes murailles vous êtes encore bien placés pour jouir du panorama, où les scènes changent chaque jour. Jugez-en...Dans le lointain, les noirs rochers de Penmarc'h, ville si célèbre au moyen âge, la côte de St-Guénolé, où l'on vient d'édifier des serres immenses, où des raisins aussi beaux que ceux de Chanaan mûrissent, alors que les vignes ailleurs ne sont qu'en pleine floraison. Dans quelques années, on aura le spectacle nocturne de ce beau phare d'Eckmühl, dont les projections éclaireront la baie, la mer à quatre vingt milles... Ce sera une merveille et ce sera fulgurant.

Tournez les regards à gauche, admirez cette belle baie d'Audierne qui s'arrondit, vous laissant apercevoir de longues plages de sable bien blanc, de plusieurs kilomètres, et les coteaux étagés au soleil, tellement bien exposés que les plus beaux légumes y prospèrent. Les riverains disent avec raison « nous pouvons tout ce que peut Roscoff » dont le renom s'étend au loin, en France, à l'étranger.

Pourquoi alors n'ont-ils pas plus d'initiative, puisque l'engrais ne leur coûte rien, la providence fauchant pour eux les prairies sous marines? Avant un demi siècle, la partie sera gagnée... et Plouhinec, Plozévet, Lababan, la baie en un mot, seraient le jardin potager d'une grande partie de la France, en oignons, asperges, choux fleurs, en un mot, de tous les légumes de choix et de vente courante.

Cette masse d'eau si poissonneuse de la baie, devait donner il y a cent ans, un spectacle inoubliable pour les contemporains qui purent l'apercevoir sans le secours d'instruments d'optique.. le combat épique du vaisseau les *Droits de l'Homme*, contre deux navires anglais.

La lutte fut héroïque, et les anglais désemparés... la frégate l'*Amazone* échouait le lendemain avec ses morts et ses mourants à deux kilomètres de l'endroit où vous êtes.

Les survivants furent conduits prisonniers à Audierne, les morts inhumés sur la falaise que vous apercevez. Cette année même, les sables soulevés par les vents, laissaient apercevoir les ossements blanchis. Les générations actuelles avaient perdu le souvenir du drame : Ce n'est qu'en consultant les archives qu'il m'a été permis de reconstituer leur identité.

Ils sont là presque en face de ces récifs redoutés de la gamelle (ar-cambren) que vous apercevez non loin à votre gauche, ces récifs sont la terreur de nos pêcheurs qu'ils gênent, en les obligeant à un plus long parcours. Ces récifs de la gamelle, laissent apercevoir, mais dans des retraits de marée exceptionnels, des vestiges de constructions dont on ignore l'origine... sont-ils de la date de l'occupation romaine! nul ne le sait, et on ne le saura jamais.

Le déchainement de la barre à Audierne, est en partie provoqué par ces récifs dangereux. Ah ! alors il ne fait pas beau sortir.

De ce tertre de la montagne, quel beau spectacle quand on arrive au moment du départ de la flottille de pêcheurs... par bandes de deux, trois et quatre... Les uns à la voile, d'autres d'abord à la rame avant de prendre le vent. On compte rarement un abordage. A peine ont-ils doublé le long môle qu'ils ont lentement côtoyés, ils prennent le large, s'éparpillent, louvoient chacun à sa guise. N'allez pas croire qu'ils vont au hasard... chaque patron connaît son parage... La veille il a observé un frétillement, un vol de mouettes est venu lui indiquer un banc de sardines, c'est presque à coup sûr qu'il marche... S'il retourne *bredouille*, il s'enquiert de parages plus fréquentés et qui ont été favorables la veille.

C'est souvent bien loin qu'ils doivent aller, quelquefois à quelques kilomètres seulement; et le voyageur peut distinguer aisément l'équipage qui abat les voiles, un moment il reste immobile et observe la direction que prend le pauvre petit poisson qui se joue à peu de profondeur... Quand vous voyez un homme se lever à l'arrière pendant que les *teneurs de bout*, maintiennent la barque au moyen de longues rames, vous pouvez dire : c'est le patron du bateau qui sème la rogue, appât qui nous vient de Norwège. Il est nécessaire malheureusement pour affriander le poisson ; et celui-ci se précipite à la grande joie du matelot qui reviendra gaiement au port se débarrasser de son heureuse récolte, aussitôt mise au magasin, car cela n'attend pas.

Pour certaines pêches, c'est souvent à perte de vue qu'il faut aller, à 35 et 40 kilomètres, là où vous voyez onduler la fumée de nombreux

steamers, venant des ports du nord et faisant
route pour le midi, Bordeaux, Bilbao, etc., ou qui
reviennent de ces ports pour le nord.

Vous souvenez-vous qu'on nous enseignait en
logique, que par suite de la succession des idées
on pouvait faire voyager la pensée d'un monde à
l'autre, de Paris au Japon? de Pékin aux astres,
travail plus rapide encore que l'électricité.

Ce ne sera pas par cette théorie, que je vois
venir à propos de steamers qui passent, faire
l'éloge d'un homme, honneur de la marine
marchande, pendant un commendement, *notez le
bien*, de 56 années... si j'en parle, c'est que je l'ai
promis à un de ses anciens marins (Guillaume
Trividic, du Kéridreuff, vous serez content). J'en
parle surtout parce qu'il m'a pronostiqué l'importance croissante de ma baie d'Audierne, qu'il
connaissait si bien.

Je profite donc du sujet pour dire un mot du
capitaine Roturier, ce vaillant vétéran de notre
marine.

Il vit encore à Bordeaux, mais il était devenu
notre compatriote par de longs services rendus à
nos ports dès le début, avant surtout qu'un accroissement réel eut été donné à nos pêcheries et à nos
conserves de produits de pêche.

A 82 ans il commandait encore avec vigueur...
La vieillesse ne lui faisait pas prendre la retraite
disait-il, mais il est temps de céder à de plus
jeunes.

L'accompagnant à son dernier voyage, arrivé à
la latitude d'Audierne, il me montra l'entrée,
l'immensité de cette baie poissonneuse : l'avenir
est pour vous, disait-il, je vous le prédis, et cet
homme expérimenté avait raison.

Il était sur la passerelle, et je m'imaginais
entendre le vieux calchas sur sa trirème, vati-

cinant, donnant ses derniers conseils à ses compagnons d'aventure.

Ici, nous n'allons pas à la conquête de la toison d'or et c'était comme testament du vieux capitaine, qui avait bourlingué plus d'un demi siècle, aussi je l'écoutais disant : aucun commerce ne languit dans notre canton, aucun poisson ne manque à notre baie, que les saisons succèdent aux saisons, il y a toujours du travail pour vos pêcheurs... Il déplorait un peu l'entrée difficile, mais ajoutait-il un jour viendra où l'on comprendra que par des travaux intelligents, on pourra atténuer les difficultés de la passe, et c'est toujours en faisant ces réflexions, que je fends les flots de la baie d'Audierne et c'était le sujet de ses conversations devant ses marins, devant son second; conseils d'expérience de l'homme du métier.

Sous la latitude des Charentes, il m'appelle : voyez vous ces plaques opaques, comme l'ombre d'un gros nuage sur l'azur de la mer... remarquez un frétillement à la surface, puisque nous jouissons d'un beau calme... ce sont d'énormes bancs de sardines de la saison, elles approchent des côtes de Bretagne, et votre grande baie d'Audierne en aura la plus grande part. Le talent de vos pêcheurs, consistera à les y conserver une longue saison, elles seront à l'abri, en dehors du courant de Penmarc'h, elles ne seront pas pressées de gagner ceux du Raz, pour aller à l'iroise, ce sera pour elles comme les délices de Capoue. Mais il ne faut pas ménager l'appât... hélas ! ajoutait-il, la rogue est bien chère, hors de prix. Celui qui trouvera le moyen d'enrayer le monopole par un appât à bon marché, méritera la reconnaissance des pêcheurs.

Si nous n'étions pas si loin de la terre, de nombreux oiseaux leur feraient cortège qui

happeraient au passage les imprudents qui viendront montrer leur ventre argenté au soleil.
Dommage peu important, quand on le compare à
ceux des ignobles marsouins qui souvent les
pourchassent et les engloutissent par milliers.

Que c'était un plaisir de remonter la Gironde
avec un pareil guide. Prévoyant son dernier
voyage, il ne cessait de donner un dernier regard
à tous ces nombreux phares qui l'avaient toujours
guidé, depuis le monument de l'entrée, la tour de
Cordouan.

Arrivé aux célèbres crûs, gloire du Médoc et du
Bordelais, avec complaisance il les indiquait du
doigt. Voilà St-Estèphe ; St-Julien avec son
clocher, que l'on dirait breton... voilà Léoville
avec son portique... là-bas, Château-Latour...
derrière ce massif d'arbres, c'est Château-Laffite.
Il déplorait de voir les plus beaux crus de France
entre les mains des juifs.

Il ne devait cependant pas ignorer, que c'est
pour ce peuple choisi de Dieu, que furent créées
les belles grappes de Chanaan.

Ceci est bien vrai, mais que ce peuple privilégié,
retourne à ses oignons d'Egypte et à ses raisins
de Chanaan et qu'il laisse le vin de France aux
vrais Français.

Le capitaine Roturier était natif de Blaye, aussi
n'oublia-t-il pas de nous dire, montrant les
fenêtres du château : j'avais 22 ans quand j'ai vu
y amener l'infortunée duchesse du Berry.,. voilà
les ouvertures de ses appartements. Il est un
autre souvenir qu'il rappelait encore : Je faisais
partie de l'équipage *de la Belle-Poule*. La veille
du départ on rassemble l'équipage sur le pont,
nous étions en lignes pressées quand les autorités
arrivent.

Comme toujours quelques discours étaient de rigueur.

Le Duc d'Orléans, l'infortuné prince mort quelques années après, ne faisait pas partie du voyage que devait commander son frère, le Prince de Joinville, mais il accompagnait ce dernier à bord. J'étais le plus rapproché du Duc d'Orléans quand il prit la parole, son chapeau de cérémonie le gênant, il me le tendit pendant son discours, qui ne fut pas long du reste, et le vénérable vieillard riait encore de ce souvenir de jeunesse, datant de soixante ans.

Il est une histoire que sa grande modestie ne relatait pas... c'est le souvenir d'un acte de bravoure, lors de l'incendie qui ravagea Toulon en 1844. L'embrasement gagnait du terrain, menaçait la poudrière... les navires en rade avaient envoyés des pompes avec de nombreux ouvriers marins. Que serait-il arrivé si quelque flammêche avait rencontré le moindre grain de poudre. Roturier, atteint la toiture et pendant des heures entières, il dirige le tuyau de la pompe, inondant le sommet et les murailles d'un jet continu d'eau.

A l'âge de 82 ans, il reçoit bien tardivement la croix d'honneur, le gouvernement de la République s'est honoré en récompensant une vie modeste et bien remplie... On m'a dit qu'il avait versés des larmes de joie en apprenant cette faveur que certes il n'avait pas sollicitée. Il ignore qu'un inconnu rend justice à ses services, et vient parler de lui à propos des pronostics heureux qu'il formulait pour la baie d'Audierne...

Le capitaine Roturier ne vient plus avec son navire fendre les flots de la baie, mais nombreux sont encore les vapeurs qui déroulent leur fumée à cet horizon que le touriste aperçoit du pied de l'enclos des Capucins où je l'ai laissé... Oui, nombreux sont ces navires, et quand il fait nuit sombre c'est un danger.. Il est une pêche qui se pratique la nuit, et même les nuits sombres sont celles qui procurent souvent les plus fructueuses pêches. Une flotille de centaines de barques se trouve éparpillée... Quand le jour éclaire, une chaloupe est un point noir qui se distingue facilement, et alors chacun veille. Mais dans l'ombre de la nuit, ce n'est plus la même chose... il y a bien à côté, mais à 150, 200 et 300 mètres, une lanterne à lumière vacillante... cette lanterne, verticalement posée sur une bouée de liège, tout au plus à un mètre de hauteur, est entraînée par de longs filets à la dérive à la suite du courant, s'élevant, s'abaissant, suivant les caprices de la houle, on en compte 800 et 1,000, comme des vers luisants sur le sommet de la lame, ces lanternes sont là, surveillées par l'équipage attendant que le maquereau maille. Quelquefois la fatigue a saisi l'équipage qui sommeille, quand un vapeur passe, et la barque, petite coquille de noix sur l'océan est renversée et coulée : trop souvent cela arrive ; alors ce sont des cris de détresse, d'appels au secours. Hélas! quelquefois à bord du steamer, on dort aussi, on ne peut stopper à temps, pour recueillir les épaves : Cet endroit est un peu comme le banc de Terre-Neuve où pareils désastres arrivent à des transatlantiques qui y font leur route naviguant à toute vapeur : et là, c'est le pays des brumes. Je le dis, à ce passage de la baie, ces accidents sont pour ainsi dire annuels. Heureux disent les pêcheurs quand le vapeur qui file, n'appartient pas à cette nationalité mercantille, pour laquelle la devise : Times the money, est en vigueur. Leurs capitaines semblent dire : « Je vous fais, pêcheurs, en vous coulant, beaucoup d'honneur.

Le lendemain des femmes éplorées attendent un mari, une mère attend son fils, ceux-ci n'ont pas reparu.

Les marins d'une barque du même port pêchant dans les mêmes parages viennent dire ; nous étions dans les mêmes eaux, il nous a semblé avoir entendu appeler « *Au Secours* »... mais nous étions éloignés... il nous semble avoir distingué dans la nuit, les feux d'un fort navire qui n'a pas stoppé.

Lugubre n'est-ce pas ! cependant c'est l'exacte vérité. Les capucins de la montagne d'Audierne, pendant les deux siècles de leur passage, n'ont pu jouir d'un horizon aussi varié, que celui qui se présente de nos jours.. et ici, l'on peut dire, *crescit eundo.*

En jetant les yeux à quelques pas d'eux, ils n'ont pu voir sur le versant de la colline, à droite au-dessous de leur enclos ces coquettes villas que l'on vient d'édifier les années dernières, certainement elles viendront s'étager encore, l'avaient-ils prévu ? Ils ne se sont pas dit par exemple quelle situation plus belle, plus ravissante pour la construction d'un casino ? Cependant la place s'indique d'elle-même et pendant la saison estivale on trouverait un beau site, un abri sûr contre les vents d'Ouest, les seuls qui puissent nuire à ce moment. Les vents d'Est, du Nord, sont à craindre l'hiver, mais l'été ils rafraichissent la brise.

On est là aux premières loges pour recevoir les premiers rayons du soleil, qui animent la gaîté dans les cœurs les plus tristes, et ici je m'adresse aux touristes semillantes... Ce n'est plus une solitude ; vous aurez le loisir, charmantes écuyères, d'aller faire envier vos riches toilettes de la grande ville, qui produiront le plus bel effet sur les natifs d'Audierne.

La construction d'un casino est dans le courant
des idées, et je crois que cette idée a germé dans
la tête de quelques capitalistes. Quoiqu'il en soit.
Nous applaudirons quand on viendra nous dire:
Les étrangers s'inscrivent pour la saison prochaine.

Au surplus, n'est-on pas à quelques mètres
d'une belle plage de sable? Les cabines s'installe-
ront à l'aise, et ensuite sur la plage voisine, longue
de deux kilomètres jusqu'à St-Evet, il y a place
pour le Tout Paris...

Devançant les vœux des voyageurs, on vient
d'installer une délicieuse passerelle en fer aux
pieds de la colline, et cette passerelle aboutit à
une promenade hygiénique de deux kilomètres,
vers le môle, promontoire dans la mer; quand on
s'avance, vous avez à vos pieds la mer, à vos côtés
la mer, battant l'interminable muraille de l'Esplanade. A quelques pas, les bateaux passent et vous
arrivez à l'extrémité de la jetée, aux pieds du
fanal.. Que de fois ai-je entendu les voyageurs me
dire : « C'est notre promenade hygiénique du matin, le meilleur apéritif que nous puissions trouver.
Pour quelques-uns, c'est la promenade des soirs
d'été, quand la chaleur du jour les a retenus à la
ville. Oh! alors que la brise est bonne et salubre,
et quel beau spectacle que celui du soleil couchant
sur l'eau... si beau... et je vous parle de tout ceci,
sans artifice de style, en homme convaincu, donnant raison au législateur du Parnasse:

Ce que l'on conçoit bien s'énonce clairement
Et les mots pour le dire, arrivent aisément.

L'hiver, cette pointe d'Audierne reçoit de première main, les tempêtes du Sud et du Sud-ouest.

Sachez-le bien.. Ce long môle de l'entrée, ce fanal n'ont pas été établis comme but de promenade... loin de là...

A cette extrémité rien de plus terrible, rien de plus émouvant que la lutte des éléments... Non-seulement les flots viennent battre les murailles de granit qui ne résistent pas toujours (on l'a vu en 1865), dans leur fureur ils balayent l'esplanade, les parapets ne sont pas un obstacle.

Les habitants eux-mêmes que ce spectacle émouvant ne saurait blaser, s'y rendent d'assez loin, et ce n'est qu'à distance qu'ils peuvent contempler les flots mugissants. Spectacle inoubliable vraiment... Les flots battent la muraille, font irruption, de terribles paquets de mer surmontés de gerbes d'écume se précipitent, couvrent phare et fanal. Quel est donc l'audacieux qui voudrait en approcher? Une longue chaîne à mailles solides est disposée pour le gardien, le long du parapet. C'est à lui de choisir le moment propice pour se rendre à son poste ou pour en sortir.

Les Parisiens se rendent bien à Caudebec, pour contempler les effets prévus du mascaret et un Babinet quelconque leur indique le jour fixe.. Eh bien! qu'est-cela, près du spectacle imprévu de la tempête? On en est tout ému, et l'on repart terrifié. Alors malheur au bateau qui s'est attardé au large, et que de fois, cela n'arrive-t-il pas?

Les bateaux rentrés se comptent, l'inquiétude gagne. Souvent ils peuvent fuir devant la tempête et prendre le large, mais ils ne le peuvent pas toujours.

Alors c'est un affolement.... Les sauveteurs de la douane se saisissent du canon *porte-amarre*, de nombreuses bouées de sauvetage, de cordages, de ceintures.. Le bateau de la Société est déjà sur le lieu du sinistre avec ses hommes dévoués, qui

vont relever le courage du bateau qui va essayer
de franchir la terrible passe.. Une population
innombrable se rend. Femmes, hommes, les mains
jointes font des vœux pour la chaloupe en péril...
et le signe de croix, le signe du chrétien part malgré lui de l'assistant terrifié. Sceptiques ne souriez
pas en ce moment, vous seriez mal venus, si vous
lanciez quelque brocart inconvenant et irréligieux.
Allez, mais ne riez pas devant ceux qui invoquent
Celui qui met un frein à la fureur des flots et qui
sait des méchants arrêter les complots.

Ils sont nombreux les actes de courage des
marins du bateau de sauvetage. Le patron Autret,
pourra vous dire qu'il est à sa cinquantième sortie,
et plus modestes employés de la douane, c'est
aussi là que vous êtes les plus utiles.. je ne vous
comprends pas ailleurs.

Le bateau de sauvetage est de date toute récente
malheureusement; aussi ont-ils été nombreux les
naufrages à la pointe d'Audierne. J'en ai rapporté
plusieurs dont le souvenir est conservé dans les
archives.

L'Astrée de St-Malo, en 1784, La Miséricorde de
Nantes, en 1875, etc.. J'en ai parlé un jour dans le
journal (Le Finistère) en donnant les noms des matelots formant l'équipage et qui tous y périrent.

Sous Louis XIV, il y en eut un célèbre, relaté
dans les archives de Plouhinec, bourg voisin.

Le 16 décembre 1684 un acte de sépulture fut
dressé; mais comme il n'est pas écrit dans le style
de Bossuet, je me contente d'emprunter aux archives, les détails intéressants concernant un
centenaire célébré à Pouhinec.

Si je donne tous ces détails, c'est que le naufrage
avait lieu en cet endroit même où je viens de conduire le voyageur, sous cette chapelle de St-Julien
que vous apercevez à 300 mètres.

Le 17 octobre 1784 a été célébré dans cette église un service solennel et séculaire pour le repos de l'âme de Mgr l'illustrissime et révérendissime Père en Dieu, Cyrille Justiniani, Archevêque de Grevenentzi, en la province de Bulgarie, en grâce, dont le corps repose en cette église, et dont la mémoire est en grande vénération dans cette paroisse et dans les environs. Ce vertueux prélat ayant été chassé de son diocèse, dépendant de l'empire ottoman, parce qu'il avait fait rebâtir et croître son église, se réfugia à Rome, où il demeura huit ans, mais pressé de revoir ses ouailles, il partit de Rome, muni d'un bref du pontife Innocent XI, qui était alors assis sur la chaire de St-Pierre, il vint en France pour implorer la protection du Roi très chrétien Louis XIV.

Il s'embarqua à St-Malo sur un vaisseau nommé *Jacques*; mais il fit naufrage à la pointe d'Audierne le 17 octobre 1685, sur les dix heures du matin... Trois heures après, le corps fut retrouvé au-dessous de la chapelle St-Julien en Poulgoazec, exposé pendant deux jours dans la dite chapelle, ensuite transporté dans l'église paroissiale où il demeura exposé pendant deux jours, et enfin il fut inhumé dans le sanctuaire du côté de l'évangile, avec la plus grande solennité, en présence de tous les peuples circonvoisins, et de tous les bourgeois, marchands et habitants du dit Plohinec, ainsi qu'il est rapporté dans l'acte de sépulture 1685, relaté par Joseph Bobony, bachelier en Sorbonne, lors recteur de Plohinec, qui certifie avoir connu et vu le dit Archev, à Rome...

Ont assisté à ce service séculaire : MM. Perri-chon, curé et Mahalon, célébrant, assisté de M. Legendre, recteur de Plozévet, Douarinou, curé de Pont-Croix, Duverger, directeur des Ursulines de Pont-Croix, du P. Gardien des capucins d'Audierne, du P. Vicaire de la même communauté, etc., etc... du sieur de Leyssègnes Rozaven, recteur de la paroisse, etc.

Toujours la tombe est là... Une plaque de cuivre indique l'endroit où l'Archevêque est inhumé.

La mémoire orale de ce naufrage s'était perdue, jusqu'au jour où je l'ai reconstituée par les archives

Cependant les fidèles vont prier près de la tombe. Cyrille Justiniani, reçoit les honneurs d'un bienheureux.

TABLEAU OFFICIEL

DU

COMMERCE DE LA PÊCHE A AUDIERNE

J'ai demandé à la douane qui est bien renseignée, et on me l'a donné conforme au registre des sorties.

J'ai demandé une année moyenne, et remarquez-le bien l'accroissement est manifeste. chaque année.

1893

PAR TERRE	KILOG.	PAR MER	KILOG.
Sardines pressées. .	64,877	Sardines pressées. .	593
Sardines en sel sec pour fritures . . .	280,597	Sardines à l'huile. .	919,417
Sardines salées en vert.	82,632	Anchois à l'huile . .	9,766
Sardines à l'huile. .	1,152,916		
Anchois, Sprats à l'huile.	36,693	Sardines en saumure	5,012
Anchois en saumure	7,021		
Maquereaux salés et saqués.	86	Maquereaux à l'huile	7,850
Maquereaux au naturel	8,771	»»	»»	»»
Maquereaux à l'huile	17,772	»»	»»	»»
Merlus salées en barils.	920	»»	»»	»»

Je ne compte pas là-dedans, ni les maquereaux, ni les langoustes, ni les merlus, ni les congres, ni toutes espèces de poissons frais, qui donnent une somme inombrable de produits aux nombreux mareyeurs, aux corbelleurs.

Disons en passant que les transports de ces produits donnent aux petits charretiers, et seulement jusqu'aux gares de chemin de fer une centaine de mille francs.. Jugez du reste.

Voici en outre ce que j'ai relevé à deux années différentes, aux bureaux du capitaine du port.

1886

NAVIRES ENTRÉS	Tonnage légal	Marchandises	Lest
202	5,421 TONNES	5,390 TONNES	311
NAVIRES SORTIS			
201	6,409 TONNES	3,021 TONNES	1,037

Produit de la pêche totale en poissons frais : 1,711 TONNES.

Admirez l'accroissement 7 années après.

1893

NAVIRES ENTRÉS	Tonnage légal	Marchandises	Lest
356	9,260 TONNES	7,828 TONNES	115
NAVIRES SORTIS			
357	9,260 TONNES	7,822 TONNES	977

Produit de la pêche totale en poisson frais : 4,664 TONNES.

Je souhaite un nouvel accroissement.

Cap Sizun. — D'Audierne au bec du Raz

Audierne est la clef du Cap Sizun; station forcée pour le touriste qui doit s'y rendre... Il est bien un autre chemin, mais praticable seulement aux touristes désirant faire partie du club alpin.. C'est Beuzec et ses côtes, certainement présentant plus de précipices que la pointe du Raz.. Il n'est pas donné à tous de le suivre en amateurs, j'en connais cependant qui ont accompli ce tour de force et qui en sont revenus émerveillés; mais aussi harassés, ils ne recommenceront plus disent-ils.

Audierne visitée, il faut se remettre en route pour visiter la pointe du Raz, il est peu de touristes qui ne viennent dans ce but.

Le bec de Raz surplombe le niveau des hautes marées de près de 100 mètres. Il est encore en déclivité d'un plateau plus élevé; quelques côtes seront donc à gravir, car les quais que l'on quitte, sont le niveau même des hautes marées, on a même vu en plusieurs circonstances, mais rarement et par suite de marées extraordinaires, les quais recouverts par la mer.

Et d'abord que veut dire *Pointe du Ras*... quelques-uns ont prétendu que ce nom était donné à ce promontoire, parce que sa configuration était une tête de Rat, et j'ai même vu bien des naïfs s'étudier à trouver une ressemblance quelconque, ils partaient étonnés de ne rien voir... peut-être on trouverait quelqu'un assez artiste pour en avoir trouvé... ne leur ôtons pas leurs illusions.

Raz ou ras, est un courant de mer très violent, dans un passage étroit... ras, ou raz de Sein ou de sa chaussée.

Si la pointe du raz est encore, l'ai-je dit, en déclivité d'un plateau plus élevé, d'une altitude d'une centaine de mètres. C'est donc que vous aurez plusieurs côtes à franchir. Dix-huit à vingt kilomètres à parcourir, c'est peu pour les bons postiers bretons que vous allez prendre.

Vous allez au bec d'un cap, à gauche, vous aurez l'Océan, à droite, la baie de Douarnenez. Aucun abri ne vous préservera du vent d'où qu'il vienne : mais les voyages se font l'été, et la brise de la mer est salutaire pour tous.

All rigt... good nigt... bon voyage, tout va bien.

Remarquez que si je parle anglais, c'est avec intention.

Mon but étant de guider à travers le pays, je dois commencer par vous dire, que surtout à ce côté gauche, l'anglais, cet ami de la Bretagne, a laissé de nombreux souvenirs.

C'était vraiment une manie qui hantait les hommes du nord, ils venaient sur nos côtes, mais leur préférence était pour le pays de Léon.

Ce n'est plus de la basse Cornouailles : prenons cependant quelques exemples à divers âges. C'est toujours la Bretagne, bretonnante.

Des pirates, pilleurs d'églises, vinrent à Guic-Seni (Guisseny), sur les côtes du Léon... Un enfant regardant vers la mer s'écrie : Douè, Douè, gueld a ran mil guern... *Dieu, je vois mille mâts.* Il va le dire à Guénolé qui demeurait alors à Lesguern, près de son père, Fragan, neveu de Conan Mérladec..... Guénolé avertit son père et le pria de s'opposer à la descente.

Celui-ci vainquit les pirates signalés par l'enfant, au lieu dit *Izel-vès*, en la paroisse de Plounévez : une croix élevée à Lanvengatt, en Guisseny, à l'endroit où se trouvait l'enfant, est le témoin de ce fait historique.

Ces invasions furent fréquentes, et se multiplièrent au moyen-âge, en 1522, une escadrille de 60 voiles anglaises remonta la nuit, la rivière de Morlaix, où plus tard on construit, le château du Taureau, *Castel an Taro.*

Il y avait trahison, probablement, car la ville fut surprise au moment où toute la noblesse avec ses hommes d'armes figurait à Guingamp dans une de ces revues du ban de la province, appelés *monstres...* on ne comptait dans la ville que des vieillards et des femmes... L'ennemi s'attarda au pillage dans la grand'-rue, une jeune servante, seule au logis, confié à sa garde, bonne patriote, réunit quelques voisines... elle enlève avec elles, la trappe d'une cave, ouvre la vanne par laquelle les eaux de la rivière font irruption dans le sous-sol. L'ennemi aviné se présente dans le corridor par deux, par trois, par quatre, à plusieurs reprises, il culbute et l'on n'entend qu'un cri d'agonie... Il y périt bien une centaine... trop tôt le stratagème est connu. La fureur de l'anglais n'a plus de bornes. La jeune fille poursuivie d'étages en étages est rejointe sous les combles, et cette fille du peuple est projetée de la lucarne sur la rue, où elle s'écrase... mort à l'anglais, ce fut son dernier mot. Que ne vinrent-ils encore l'accuser de magie et de sortilège comme Jeanne d'Arc ?

Dévouement sublime, voilà-tout !

> D'un courage inspiré, la brûlante énergie,
> L'amour du nom Français, le mépris du danger,
> Voilà sa magie et ses charmes,
> Ne faut-il que des armes,
> Pour combattre, pour vaincre et punir l'étranger ?

Nous n'avons pas dans notre pays de pareils traits d'héroïsme, et cependant les ennemis se maintinrent longtemps chez nous, « trop longtemps ».

Sur votre gauche vous apercevez la chapelle, magnifique mais encore inachevée de Saint Tugen : comme tant d'autres belles églises, on l'attribue faussement aux anglais. Dans un autre chapitre je traite cette question avec preuves à l'appui... restituant des noms aux *maistres-tailleurs* de pierre qui honorèrent la Bretagne, n'en avons-nous pas la preuve, dans la cathédrale de Saint Corentin, à Locronan, à N.-D. de Roscudon à Pont-Croix... Les Anglais ont fait assez de mal à la Bretagne, n'allons pas leur attribuer quelque bien.

Je ne voudrais pas ici, déflorer la belle légende de Saint Tugen, si brillamment narrée par M. Le Carguet. Sa brochure a eu un succès mérité, et tout touriste devra la lire.

Disons cependant en passant, que ce bon saint était bien imprudent, quand il vouait à Dieu, la virginité de sa sœur. On lui accorde de vouer la sienne, et encore, et encore, fallait-il veiller et prier ferme... Mais à cette époque les miracles foisonnaient, plus tard on l'eût taxé de folie. François Ier au moyen-âge, écrivait déjà, à l'aide du diamant de sa bague, sur les vitraux du château de Chambord : *Souvent femme varie, bien fol est qui s'y fie...* La légende terrestre est bien donnée par M. Le Carguet, mais il ne fait qu'effleurer la légende au ciel, alors que saint Tugen se présenta au paradis, avec sa brillante auréole de vertus.

La voici... Le père éternel, comme tout chef d'État, a le droit de choisir ses ministres, nul ne le conteste, je pense.

Bon et fidèle serviteur, dit-il au saint breton, je te constitue gardien des filles, folles ou sages, qui me voueront leur virginité.

— Dieu le père, dit le breton en tendant des bras suppliants, Je n'aurai aucune autorité sur elles, qui riront de mon manque de vigilance près de ma sœur... Je serais désolé de vous désobéir, et *non recuso laborem*, mais!.. La bonté infinie sourit à ces paroles... sois sans crainte, bon serviteur, mais ne parle pas latin, je ne le sais pas, parle-moi breton de la basse Cornouailles, c'est le langage que nous parlons ici, et que l'on parlait au paradis terrestre... Choisis toi-même un emploi à ma cour.

Saint Tugen qui déjà avait fait son choix, répondit :

Père céleste, à qui seul, toute gloire est due, vous aviez créé la femme pour être la compagne de l'homme, mais Ève notre première mère, a légué à ses filles un triste héritage... Ne sont-elles pas toutes *volages, fourbes, menteuses, médisantes, astucieuses*, et l'homme est toujours leur dupe.

(Le saint on le voit, avait conservé rancune de sa mésaventure, ce qui fit sourire les anges et les archanges eux-mêmes ; en un mot toute la cour céleste).

Saint Tugen sans s'émouvoir, continua :

En voyant l'homme si faible, vous lui avez donné dans votre compatissante miséricorde, le chien, cet ami du pauvre et du riche. Et le bon saint, vrai philosophe, ajouta... ce qu'il y a de meilleur dans l'homme, c'est le chien... il doit obéissance au roi de la création, comme aussi la femme... mais par le mauvais exemple que donnent les filles d'Eve, il devient souvent indocile comme ces perverses.

Alors il abandonne son maître, devient aphone, est malade, et sa maladie le porte à mordre tout ce qu'il rencontre, sa bave et ses morsures produisent des plaies incurables, terribles ; ce n'est pas ce que je vous souhaite.

La femme elle-même est malade quand elle ne peut japper. (C'était toujours par rancune qu'il parlait de la sorte).

Satan s'incarne dans le chien qui ne reconnait plus son maître lui-même... Mais le chien ignore ma mésaventure, il ne saurait donc me reprocher mon manque de vigilance près de ma sœur. Je pourrais commander en maître, préserver les hommes mes frères de morsures incurables, et les guérir même, *quand ce sera votre volonté...* Aussitôt cette charge lui fut octroyée. On lui adjoignit plus tard saint Hubert, le grand saint du Luxembourg... mais c'était par patriotisme, il répugnait au saint breton de commander à des chiens allemands.

Sainte Catherine fut l'intendante des filles sages et folles qui l'invoquent avec ardeur, tant elles redoutent de se voir contraintes d'en porter la coiffe, ne se souciant pas de mourir *vierges et martyres.*

Le dimanche qui précède la Saint Jean, on célèbre la fête du grand saint breton dans la chapelle que vous apercevez à gauche, et il y a un grand afflux de fidèles de toutes les parties de la Bretagne.

Un jour l'ennemi des bretons enlève la clef de l'oratoire, et ce fût par jalousie ; par cela il savait causer une grande désolation. Mais voici venir la main de Dieu... Quelques jours après, un pêcheur du pays ramena du large un poisson monstrueux : triomphant il le porte, mais une force invincible le pousse près de l'oratoire, et arrivé là, il ne peut plus avancer... Le poisson est dépouillé, et que trouva-t-on ? La clef, la seule qui pouvait dire Sésâme ouvre-toi... La joie fut universelle... C'est cette clef que l'on conserve depuis plusieurs siècles dans une cassette capitonnée, elle est mangée par la rouille, mais c'est elle... allez au presbytère de Primelin et on vous la montrera.

Le jour même du pardon, les brocanteurs apportent des caisses de clefs, en plomb fondu. Celles-ci reçoivent une bénédiction spéciale et chacune de ces clefs a une vertu sur les chiens enragés, elles préservent des blessures, et les pèlerins les achètent à la douzaine.

Il en est de même d'un petit pain sans levain, nommé *bara an alve* (le pain de la clef), celui-ci ne se corrompt pas et préserve de la rage.

Autrefois à cet oratoire célèbre, on amenait des malades, qui s'ils ne guérissaient pas, étaient destinés à y mourir. On voit encore la cellule où l'on renfermait les malades... Le dernier exemple date d'une soixantaine d'années, et c'était un homme de la paroisse de Goulien.

Par dessus ce monument et les rivages, vous voyez toujours la mer... tout le long de ce littoral on incinère des goëmons, les *varechs*... Les terrains sablonneux qui bordent la côte ont une grande valeur, car ils sont utilisés pour sécher ces rubans blancs, violets et roses (les varechs), qu'un travail pénible arrache aux vagues, aussitôt qu'une tourmente est venue faucher les prairies sous-marines, hommes, femmes, à mi-corps dans l'eau, ramènent de la lame qui souvent peut les enlever eux-mêmes, au moyen d'énormes crocs en fer, toute la récolte fauchée par l'agitation des flots. Ces amas ramenés sur le rivage sont ensuite étendus au soleil... quand ils sont bien secs, à point amulonnés, on les incinère petit à petit dans des fours à découvert... De là cette fumée en spirale que vous pouvez apercevoir... Une odeur âcre s'en exhale quand le vent porte à terre... Vous ne retirerez pas de la tête du cultivateur qui ne profite pas de cette manne, que cette fumée répandue au loin est la cause de toutes les maladies des céréales et des pommes de terre. Le professeur aura beau lui démontrer dans ses conférences et le savant dans ses livres, que c'est un cryptogame, un champignon, cause de tout le mal, et qu'il y a des moyens de s'en garer : il haussera les épaules... et rira du savant et du professeur.

Ces varechs ainsi incinérés produisent les cristaux qui, transportés aux usines voisines, donnent l'iode, les brômes, les sels de potasse, etc., etc.

Le bon Dieu, pour beaucoup de fatigue, c'est vrai, et au prix de dangers réels, prodigue pour rien ces richesses utiles pour tant d'industries à ces travailleurs de la mer... Allez donc chez le droguiste et vous verrez l'effet du monopole ! —

Une industrie moderne. — Depuis Audierne jusqu'au Loch, ce métier se pratique, arrivé à cet endroit vous vous retrouvez encore au niveau de la mer.

Le Loch est ce vallon du premier plateau, et ici je puis répéter ce que j'ai déjà dit dans le *Raz-de-Sein*, sur l'affaissement progressif du littoral... La mer corrode ici le littoral d'une manière menaçante.

En 1886 on s'est trouvé forcé d'éloigner le chemin qui mène à la pointe, permettant d'atteindre le plateau voisin plus élevé que celui que vous venez de descendre... L'entrepreneur m'affirmait qu'avant 40 ans il faudrait l'éloigner encore. Un nouveau cataclysme viendra-t-il séparer du continent cette partie extrême du cap Sizun ?

Jersey, du temps de saint Lo, était assez rapprochée de la France, puisque les habitants avaient une redevance annuelle de planches, à verser à l'archidiacre, pour traverser le canal qui la séparait du continent... maintenant cinquante pieds d'eau recouvrent des prairies, des bois que l'on retrouve au cadastre du 13ᵉ siècle... Près des *glenans*, il y avait des bois qui sont submergés et l'on en retrouve des traces et des vestiges... que d'exemples ai-je cité dans le chapitre traitant *l'affaissement progressif du littoral*... Ces exemples ont frappé tout le monde, et c'est par milliers que je pourrais en énumérer.

Une idée originale qui me vient d'un marin !

Le passage du Ras est la terreur de toutes les nations, vous connaissez le proverbe... *Biscoas den na tremenas ar Ras, na deveze aon pe glas...* jamais personne n'a traversé le ras sans peur ni mal.

Que coûterait la suppression de cet objet de terreur? Presque rien, et la main de Dieu vous l'indique.

Faites un canal, ou sans cela, malgré vous, les flots le creuseront. Ils mettront, un demi siècle, un siècle peut-être, et le coût des travaux que vous mettrez à vous y opposer, sera plus élevé qu'une petite émission de quelques cent mille francs... Peste! mon ami, n'y va pas de main morte, et il ne manquerait plus que cela... un petit Panama à Plogoff...

Oui, lui ai-je dit, trouvez un nouveau de Lesseps... pas n'est besoin, dit-il... Trouvez un homme en quête de popularité, à la recherche d'une nomination à la chambre, il promettra de s'en occuper, et il s'en occuperait sérieusement, par le désir d'être utile à la France, à tous les peuples, car il saurait faire valoir toutes les bonnes raisons qui militent en faveur de l'entreprise, et il trouverait un apport convenu... Qu'est-ce que quelques cent mille francs pour un canal de 10 kilomètres, à peu près dessiné.

Les plus grands navires de toutes les nations passeraient sous un pont aussi élevé que celui de Brooklim, à New-York.

Les vierges de l'île qui soufflent les tempêtes dans le Ras seraient impuissantes, et nous pourrions narguer le raz de Sein et sa chaussée...

Braves gens de Plogoff, je vous vois déjà insulaires et obligés de passer sur ce pont, pour venir à Audierne et aux foires de Pont-Croix : vos petits enfants pourront seuls voir ce travail que la mer se charge d'accomplir d'année en années... Et vous touristes, gravissez sans crainte la côte au sommet de laquelle vous apercevez la chapelle de N.-D. de Bon-Voyage, pèlerinage célèbre à cent lieues à la ronde.

Située au sommet de la montagne, la chapelle domine la mer et il n'est pas de matelot breton qui, l'apercevant du large, n'invoque le secours de la patronne vénérée, avant de traverser le courant violent du ras... *Secourez-moi au passage du ras, ma barque est petite et la mer est grande.*

Le deuxième dimanche de juillet est le jour du pardon renommé entre tous. Vous voyez un nombre considérable de marins qui ont fait des vœux C'est, pieds nus et la tête découverte qu'ils suivent la procession. Toutes les bannières, toutes les croix des paroisses environnantes sont là, bannières et croix sont riches en général... elles suivent la procession et viennent donner le baiser de paix sous le porche de l'église, à la croix de l'oratoire qu'elles choquent : de ce même jour, un bateau part de l'île de Sein la bannière déployée à l'avant, les marins qui en descendent vont se joindre au cortège. A la suite de la procession, des milliers de personnes réunies autour d'une croix en granit, tribune improvisée pour un grand orateur de la contrée, entendent respectueusement un sermon en plein vent. La multitude est là, têtes découvertes, l'orateur choisi doit avoir une voix de Stentor pour se faire comprendre. C'est ainsi qu'on se représente au moyen-âge Pierre l'Ermite prêchant la croisade sainte.

Quel beau spectacle pour les yeux! L'immensité de l'Océan à quelques pas, une montagne couverte d'une maigre bruyère et de rochers gris superposés, des milliers de fidèles attentifs et silencieux... Peintres, touristes, préparez vos pinceaux, le tableau en vaut la peine.

Plus loin sur la route à gauche, faisant face à l'entrée qui mène au bourg, on voit sur une petite place d'un village important, une croix dont je

parle dans un article spécial : elle fut retirée des
courants du ras, à 120 brasses de profondeur, le
jour du vendredi saint, il y a une soixantaine
d'années, par un nommé Pierre Tréanton. D'où
provenait-elle ? Adhuc, sub judice, lis est... C'est
la croix de Penneac'h.

Avancez encore et toujours à votre gauche
vous verrez une chapelle consacrée à saint Yves.

Ici je ne vais pas vous donner une légende,
mais vous narrer une histoire vraie et toute
récente, puisqu'elle date de vingt ans à peine...

Saint Yves, sachez-le bien avait une trinité de
qualités. Et vraiment cela se chante, il était
breton, avocat et pas voleur, ce qui étonne tout
le monde. Sanctus Yvo erat brito, advocatus et
non latro, res miranda populo.

De temps immémorial on célébrait à cette petite
chapelle que vous voyez, un modeste pardon. Un
jour, il y a de cela vingt ans, un ukase de M. le
Recteur de Plogoff, proclame : « il n'y aura pas
de pardon cette année, le pardon est aboli. »

Grand émoi dans les hameaux qui entourent
l'oratoire ! Plus de pardon, mais c'est abominable !
plus de procession, mais c'est scandaleux.

Disons-le de suite, et ne vous fâchez pas dévôts
pardonneurs. Le *great attraction* de tout pardon,
c'est le diner de gala en l'honneur du saint, ce
jour est consacré un tantinet à rendre des
politesses, vous savez le proverbe, donnant,
donnant... et dans ce jour on peut dire avec
Horace, nunc bibendum.. L'âme a sa satisfaction
dans les honneurs rendus, dans la pompe de la
grand'messe, dans le déploiement de la bannière
du saint patron, ne faut-il pas que le corps, ce
fidèle compagnon de l'âme ait aussi sa satisfaction, mais c'est tout naturel, et on ne songe pas
à vous en faire un reproche.

Par suite du maudit ukase intempestif, il fallait renoncer au dîner de gala, renoncer à mettre au four les plats de riz destinés à fêter ce grand jour... Laissez faire, dirent les fidèles consternés, saint Yves saura punir, et les plaidoiries de ce grand avocat obtiennent gain de cause, toujours et partout.

Quel était donc l'aveuglement de M. le Recteur?

Certainement celui-ci songeait en lui-même... mos paroissions ne sont pas gens processifs.... La chapelle de saint Yves serait mieux placée dans la paroisse voisine, Primelin, renommée par ses procès, par ses avocats retors et habiles; ils n'ont pas suffisamment de saint Tugen, avocat des chiens enragés !..

Ceci ne faisait pas l'affaire des dévots à saint Yves qui répondaient nous ne sommes pas gens à procès c'est vrai, *c'est le pardon de saint Yves qui nous en préserve*.. Nous ne sommes pas non plus cause, ajoutaient-ils ironiquement, si le casuel ne vient pas se grossir de nos offrandes, parce que nous sommes gens de paix... Le pardon n'eut pas lieu cette année là, et mal en prit au curé de la paroisse... Trois jours après cet anniversaire laissé sans pompes et sans célébration, M. le Recteur eut l'audace de passer à vingt pas du sanctuaire, il était dans son char, fidèles affligés imitaient son silence autour de lui rangés. Le pacifique coursier renverse la voiture, la culbute sous les yeux du saint courroucé, qui bien sûr, bien sûr, avait mis un bandeau au cheval... Le contempteur du saint breton est pris dans les engrenages de la roue, sa jambe est broyée, mise en pièces..

On n'osait pas crier bravo malgré tout, c'est une punition du ciel dirent les paroissiens.

Le prêtre dût être transporté au chef-lieu de canton, l'amputation est jugée nécessaire... Mais la punition était-elle suffisante? Ne le croyez pas. quelques jours après, le curé mourait, et allait porter ses ossements à quarante lieues de là... Ne fallait-il pas expulser du territoire de saint Yves, celui qui avait refusé de célébrer le pardon, et c'était justice... Cette salutaire leçon rendit plus sage le successeur, qui rétablit la fête annuelle: on ne nous la retirera plus, dirent les paroissiens, l'exemple est là pour nous protéger. On rirait de vous, si vous cherchiez à leur ôter de la tête, que saint Yves n'est pour rien dans l'accident.. Qui sait s'ils n'ont pas raison!

Depuis Audierne jusqu'aux falaises de N.-D. de Bon Voyage, le rivage est assez uni, même sans hauts précipices, c'est ce qui permet au riverain d'approcher de la mer, et même d'y prendre quelques bains si le cœur lui en dit, car il y a quelques plages de sable entrecoupées de quelques anses où la marée monte.

Dans l'une de ces anses, il y a une centaine d'années, sous la chapelle de St-Tugen, là où le *Catégat* fit naufrage il y a une dizaine d'années, survint un événement, très rare sur nos côtes, mais qui s'est reproduit dans d'autres endroits des côtes de Bretagne, généralement plus plates.

Les habitants étaient à la grand'messe. Tout-à-coup on entend des mugissements effroyables... St-Tugen est à une distance assez faible du rivage. La population sort, terrifiée... elle se rend à la plage... Trois énormes baleines étant venues prendre leurs ébats trop près du rivage, ne purent se retirer au flot... leurs sauts étant prodigieux mais ils restèrent infructueux pour regagner le large. Elles furent dépecées sur place... Long-temps on a vu des fanons, des ossements dans les campagnes, il en est peut-être encore. Il y en a eu à l'église de St-Tugen pendant un long temps.

A partir des falaises de Bon-Voyage, ce n'est plus qu'une succession de précipices... On ne saurait descendre, que par quelques petits sentiers créés par la nature.

Du haut de ce plateau dont l'altitude est la plus élevée avant d'arriver à la pointe, on peut jeter un coup d'œil à droite, comme vous ne pouvez en approcher, je vais vous donner une idée du paysage qui s'offre à vous.

A votre droite c'est Goulien, paroisse du cap.

A l'église du bourg, on voit encore la clochette de saint Goulien. La clochette, haute de vingt-cinq centimètres, était l'instrument dont le saint se servait pour attirer les populations, et leur enseigner les vérités de la foi... On la conserve précieusement, voici l'usage que l'on en fait :

Elle a la vertu de calmer les douleurs névralgiques de la tête... Le jour du pardon, dévots et fidèles s'en approchent. Une main bienveillante, celle du bedeau ou de quelque marguillier, la repose sur l'occiput du client qui se présente ; cela ne dure que quelques instants... Soyez persuadés que vous n'entendrez pas un dire que son mal ait empiré... S'ils ne guérissent pas, eh bien! c'est qu'ils n'ont pas la foi, gros comme un grain de sénevé... et qu'ils ne méritent pas la faveur, c'est évident.

A Goulien, une Reine de Bretagne vint terminer ses jours, après bien des tribulations supportées avec courage.

Mes compatriotes, ignorant eux-mêmes, ce fait historique, je vais le donner en quelques lignes.

Le comte de Léon, Even avait une fille. Comme toujours, elle était belle, et droite comme un palmier. Elle s'appelait Azénor, et habitait Brest avec son père. Judicaël, Roi de Bretagne la voulut pour épouse, ne l'obtint qu'avec peine, car la jeune princesse eut désiré se consacrer à Dieu.. Malgré tout, pour ne pas déplaire à son père, elle obéit, l'obéissance aux parents est une grande vertu... Judicaël vint donc à Brest, et pendant quinze jours les fêtes les plus brillantes se donnèrent... Fêtes sur la terre, fêtes sur la mer.. Voilà l'histoire... Le roi l'amena à Chatel Audren, si jamais vous parcourez ce pays, vous verrez encore les ruines de ce château. Maintenant c'est une esplanade, ombragée par des promenades magnifiques sur une longueur de deux kilomètres bordant l'étang qui il y a 100 ans, en 1793, commit tant de ravages dans la petite ville. Catastrophe plus effroyable encore que celle qu'on nous signale aujourd'hui dans les Vosges, à Bouzey. Trois étangs rompirent leurs digues, et culbutèrent maisons et habitants, Aujourd'hui il n'y a plus qu'un seul étang dominant Châtelaudren dans les Côtes-du-Nord.

Les deux jeunes époux, Judicaël et Azénor furent longtemps heureux... Mais ce qui arrive souvent, les jours heureux s'envolent et ne laissent place qu'à de la tristesse..

Even, le père d'Azénor se remaria, et une marâtre cruelle et méchante, comme elles sont toutes, vint troubler la paix de l'heureux ménage. L'amour de Judicaël se changea en haine. Dam ! on serait furieux à moins. La calomnie de la marâtre fit dire, que le roi n'était pas le père de l'enfant qu'Azénor portait dans son sein. Judicaël en prit ombrage comme de raison, un reste d'affection lui interdisait de se montrer cruel... Ne se souciant pas de punir lui-même, il fit mener la prétendue coupable à Brest près de son père qui serait juge et saurait la punir.

Azénor fut renfermée dans une tour du château qui depuis a conservé le nom de tour *Azénor*. La calomnie avait continué son œuvre : La princesse fut condamnée à être brûlée vive..

Par un reste de pitié, si on peut lui donner ce nom, Even commua la peine. Un vaisseau conduisit l'infortunée, loin, bien loin dans la mer, et là renfermée dans un tonneau, on la jeta à la merci des flots... Mais voici la sainte merveille!!!

Un ange vint chaque jour apporter la nourriture, car le bon Dieu a pitié des innocents.. L'enfant vint au monde balloté par les vagues. Quelques jours après, le tonneau échouait sur une plage d'Irlande. Un riverain d'Abermach, croyant que c'était une épave, s'approche, reste étonné du spectacle qui se présente à lui,

Le bruit arrive jusqu'à l'abbé de l'Abermach qui vint recueillir et la mère et l'enfant... Au baptême l'enfant reçut le nom de Beuzec (qui a été noyé) en Bretagne on eut dit beuzet. L'enfant grandit et fut initié aux sciences par les moines.

Pendant ce temps Judicaël apprend que sa cruauté n'a aucun motif, car l'affreuse marâtre mourut déclarant devant tous, les calomnies dont elle s'était rendue coupable.

Judicaël ne dort plus, s'embarque sur un navire; et une inspiration du ciel certainement, l'attire en Irlande, cherchant Azénor. Il la retrouve enfin et se précipite à ses pieds : « Est-il possible que je vois encore ma chère épouse, ma plus aimée. »

Les deux époux qui avaient tant soufferts retournent en Bretagne. Une grande maladie enlève Judicaël repentant. Azénor toute affligée vint s'enfermer dans un couvent, entre le bourg de Goulien et l'Eglise de Lanourek... Celle-ci existe encore... mais il n'y a plus de vestiges du couvent.. Beuzet devint archevêque en Irlande, il se démit de sa charge pour venir terminer ses jours dans le pays de sa mère. Débarquant à Porspoder dans le pays de Léon, il alla la voir dans sa retraite de Goulien, visita le pays, d'où Beuzec-Cap Sizun. Quand Saint-Magloire mourut, il fut nommé archevêque de Dôl en Bretagne... C'est l'abrégé de l'histoire.

Deux autres communes sont encore à votre droite, c'est la pointe du Cap-Sizun : au delà vous n'avez plus que la mer et vous faites pointe à travers l'espace sur les bancs de terre neuve ou à peu près. Comme vous le voyez l'horizon est vaste.

Cinq communes forment le Cap-Sizun proprement dit, et cette population fait partie du grand canton de Pont-Croix. Les foires de ce chef-lieu de canton, sont des plus belles du Finistère et c'est l'exutoire naturel de leurs produits agricoles, de leurs bestiaux. Deux fois par mois au moins des familles viennent s'approvisionner, faire des échanges.

Par delà des mers, il est une colonie de 25,000 habitants que l'on appelle le Cap, là-bas, près du Transwal, au pays des Boërs. C'est le triple de notre population... mais ils se donnent, et on leur donne le nom d'habitants du Cap.. ils n'ont que peu de fréquentation avec leurs voisins, qu'ils nomment grands et petits Narmaquois. Etrangers qui parcourez le Cap-Sizun, demandez donc aux indigènes que vous rencontrez par hasard : de quel pays êtes vous? sans hésiter et avec une certaine fierté ils vous répondront : nous sommes du Cap. Bons français, bons bretons, mais avant tout, ils sont du Cap. Entendez les donc dire potred yaouank ar' cap... *jeunes gens du cap...* guinis ar'cap... *orge froment* du cap... kesek ar' cap, *chevaux du cap*, et toujours ainsi quand ils parlent d'eux-mêmes, de leurs animaux, de leurs produits.

Si le soleil avait pu mûrir leurs grappes, dorer les pampres de leurs côteaux, sans aucun doute ils eussent donné à leurs vins, le nom de *vin du cap*... quand bien même ce vin n'eût pas eu le bon goût de ce vin de constance, que l'on paie si cher et dont les anglais sont si fiers.... et qu'ils nomment avec orgueil, leur vin du cap... comme dit Paul Dupont... ils n'en ont pas en Angleterre.

La langue bretonne de la basse cornouaille est leur parler usuel, c'est celui qu'ils emploient dans la famille, dans leurs champs, dans leurs chansons, et presque tous les hommes savent le français.

Le costume diffère essentiellement de tout costumes breton du *chupen glas*... chez eux pas de chapeaux à larges bords *agrémentés de chenilles*, pas de *braies*, pas de gilets aux couleurs voyantes... toujours les teintes sombres. Quand un étranger vient planter sa tente parmi eux, il en adoptera le costume.

Les tailleurs de campagnes, qui du reste dans les autres parties de la Bretagne tendent à disparaître, classe spéciale, presque comme les parias dans l'Inde, n'ont jamais été connus chez eux, du moins comme dans tous les autres cantons, pérégrinant d'une ferme à l'autre, s'occupant des mariages.

Il y a quarante ans, le chapeau à haute forme était de tenue journalière, c'est un souvenir de notre enfance. On en trouverait encore quelques uns dans le fonds de quelque armoire et le musée des antiques devrait y faire une perquisition pour en conserver le modèle, car il n'existe plus nulle part. Ils passaient, dit-on, de grand-père à petits-fils, à la longue, ils prenaient une teinte qui eut

fait le désespoir des peintres, c'était le jaune
batard de l'amadou.

L'enfant du cap aime à s'instruire, devenu
homme il est loin d'être réfractaire au progrès,
avec prudence ils l'adoptent et avec un petit air
de fierté ils semblent dire, nous l'avions pressenti.

Ils sont bretons et s'en font gloire et comme
bretons ils sont têtus. En un mot, ils ont une
pierre comme cervelle... cela ne vaut-il pas mieux
que d'avoir comme d'autres français, une peau
de tambour dans la tête qui résonne au moindre
souffle et les rend fous.

Réservé, froid, compassé, gourmé même...,
Trouverez vous chez eux dans leurs assemblées,
dans leurs noces, cette gaieté exubérante des
cantons voisins ? les binious joyeux n'y sont pas
connus, et c'est de loin qu'on les fait venir pour
les grands et rares jours.

Si vous voulez une caricature affublez donc le
capiste d'une bombarde, d'un hautbois. Le Dieu
de la danse n'eut pas les honneurs d'un autel chez
eux.

A moins de quelques rares croisements, vous
ne retrouverez les cheveux blonds, les yeux bleus
des Celtes... yeux noirs, cheveux noirs, le reste
est minime exception. Ils n'ont pas non plus cette
religiosité tendre, mélancolique, le fonds des
natures celtiques... il est plus tôt enclin au
scepticisme.

La stature est d'une bonne moyenne, le corps
généralement sec et nerveux, les membres vigou-
reux. Rarement trouverez vous des infirmes parmi
eux, tempérament froid et rassis, ce n'est pas chez
eux que Larochejacquelin eut recruté des compagnons, on n'eut pas trouvé chez eux l'étoffe
d'un Stofflet. Ils ont le sentiment fier de la démo-
cratie... les temps jadis ont laissé chez eux de

mauvais souvenirs. Leurs légendes disent que les
seigneurs d'autrefois étaient rapaces et durs,
vivants au milieu d'eux, s'enrichissant de leurs
sueurs et *proh pudor* ! un souvenir est resté assez
vivace. S'ils n'étaient pas les pères de leurs fermiers
ils étaient trop souvent les pères de leurs
enfants. Est-ce par cette origine que quelques
uns ont conservés un petit air de noblesse qui
leur va très bien. Dans l'ensemble, très durs à la
fatigue, sobres, se nourrissant de peu, ils présentent au recrutement les plus solides sujets...
je fais erreur en le disant, il en est peu qui se présentent à la toise du conseil de révision, presque
tous inscrits maritimes, ils donnent à la flotte des
marins hardis et même téméraires... capitaines et
officiers sont fiers de les avoir dans leurs équipages car il ne redoutent ni la mer, ni la tempête.
Dès le plus jeune age ils fréquentent la côte, plus
matelots que cultivateurs.

Les plus durs travaux des champs ils les aban-
donnent à leurs robustes jeunes filles qui ne
reculent pas devant le rude coup de talon qui fait
pénétrer la bêche dans leurs terres argileuses.
Parcourez leurs campagnes, surtout près de la
grève et vous verrez dans les sentiers étroits et
rocailleux de leurs villages, quelques unes le
sceptre à la main dirigeant un attelage de vigou-
reux chevaux.

De temps immémorial, les différentes paroisses
du cap ont été une pépinière d'ecclésiastiques.
Il est peu de famille honorable qui ne compte
quelque membre dans le clergé, et nombreux
sont ceux qui se sont fait remarquer dans le
ministère paroissial, comme bons prêtres, excel-
lents administrateurs surtout, emportant avec
les qualités puisées dans leurs familles, l'ordre,
l'économie.

Et mon Dieu, pourquoi ne pas le dire, ils ont les défauts de ces qualités, car les leurs les considèrent souvent comme des oncles à héritages, nombreuses sont les familles qui doivent leur aisance aux économies d'un oncle curé. En somme sont-ils causes si leurs neveux et parents rendent de la sorte hommage à leurs qualités ?

Et nunc... savants ethnographes, arguticz, je vous ai énuméré leurs traits, leurs qualités, leurs défauts, en faisant une population à part, savants qui savez ranger l'humanité en diverses catégories, par le bout du nez, par la contexture de la tête, les nuances des cheveux, du teint, etc, qui savez distinguer un allobroge d'un auvergnat, je vous donne la parole. Dans quelques parties de votre littoral il y en a qui voient des colonies helléniques qui prétendent que le mot *bigouden* veut dire en grec, pointe ou bec d'osier, d'autres dans le Léon voient encore des costumes grecs et les mœurs de ces pays, dans d'autres ils voient des noms arabes : ab-grall, ab-jean, ab-hervé, ab-aguilé, je m'incline devant la science... pour ma part, voici ce que je pense... ce sont des bretons confinés dans cette pointe extrême, ils doivent leurs qualités à cette séquestration. Hippocrate que je traduis va vous dire le reste.

1° Des rapports, des liens intimes existent entre le sol qui produit les végétaux et les animaux qui les broutent.

2° Ces mêmes rapports existent entre le sol et l'homme qui se nourrit de ces végétaux et de ces mêmes animaux... Hippocrates dixit.

Ces communes gisent sur un terrain houiller, l'anthracite y est même très riche... quelques esprits sérieux s'étonnent que des mines n'y soient pas mises en activité. Il y a trente ans des fouilles furent faites et ce fut un petit panama, dit-on.

Moi-même je suis descendu par *le bassicot* à la profondeur de 120 pieds. De l'avis de tous on trouverait des charbons d'excellente qualité, charbons sans mélange de soufre, charbons de fourneau assurément. Le filon semblait important, subitement on fit cesser les recherches, au grand ébahissement des ouvriers... des propriétaires des terrains qui déjà escomptaient de gros bénéfices, au regret des habitants qui espéraient trouver du combustible à bon marché.

Les premières recherchent furent dues à la haute protection d'une cousine de Napoléon III, la princesse Bacciochi... intérêts dynastiqués, ce sont là, jeux de prince. Plus tard de nouvelles fouilles eurent lieu, ou plus tôt des feintes de fouilles, a-t-on dit. Quelques gogos fournirent les premiers subsides d'essai et l'on fit comme pour Panama. Qu'est-ce à dire ? n'allez pas croire que nous embitionnons de voir notre Cap-Sizun, troué, perforé par une légion de termites, d'assister aux tristes spectacles d'explosion du grisou ? non, mais les esprits sérieux qui en ont parlé, qui m'écrivent d'en dire un mot, y mettent du patriotisme en jeu.. Pourquoi abandonnerait-on une source de richesses si abondante ? aussi à portée de nos arsenaux. Que la guerre éclate et le charbon est tout près, aux portes de Brest. Les plus grands cuirassés pourraient venir s'approvisionner ainsi que nos transports... il est sous Cléden, à Téolin même, des emplacements de port où les plus grands navires peuvent accoster à toute heure de la marée et de nuit et de jour, et ce sont des abris sûrs. Ceci mériterait bien une enquête... mais bah ! nous sommes en France et l'initiative est le moindre de nos qualités. Autres sont les Anglais qui sont fiers de leurs indes noires, qui font leur richesse et qui nous font leurs tributaires, ils ne

s'en cachent pas... et un américain de valeur me
disait un jour : l'anglais nous ménage, à cause du
coton et vous français vous ménagez l'anglais à
cause de son charbon, vous êtes ses tributaires et
c'est de votre faute. Mais continuons le voyage
commencé et qui va nous conduire à l'extrémité
de la terre : au-delà de la grande mer et l'infini.

Nous étions arrivés à St-Yves, à l'histoire de
son pardon aboli.

Le long du chemin il est encore quelques
oratoires, quelques uns même surplombent les
précipices, St-Collodan, St-Michel, etc. Les vestiges
de quelques uns seuls sont là. La foi de nos pères
multipliait ces petits chefs-d'œuvre minuscules,
quelques uns, une empreinte sur le sol dont
l'aiguille comme un doigt de la main montre le
ciel. Toutes elles sont ajourées, spécialité de la
Bretagne qui possède le plus beau granit... mais
qui donc les construisit ? les anges sans doute
savent le nom des ouvriers, des fondateurs ! Elles
n'ont pas d'histoire, c'est de l'art breton... aussi
un breton chante-t-il dans cette belle langue, ces
paroles, traduites de la sorte.

> Si l'ange de lumière,
> Descendait sur la terre
>   Mon pays natal !
> Lui ferait hirondelle
> D'une tour à dentelle
>   Un piédestal.

C'est un exilé qui, loin de la Bretagne charge une
hirondelle d'être la messagère de ses regrets et
de ses vœux.

Etait-elle aussi à jour, cette belle église de
Laoual, dont parle la légende de la ville d'Is, et
dans laquelle chaque Dimanche, quarante sei-

gneurs et plus, venaient entendre la messe...est-
elle là, à cet étang de Lavoual que vous apercevez de la route à deux kilomètres à droite?
pourquoi pas? les riverains le disent insondable,
un lac asphaltite au bitume près, car Is fut punie
comme Sodome et Gomorrhe.

Enfin nous sommes arrivés à la halte des
touristes, à Lescoff, à quelques pas de vous vous
apercevez un menhir brisé.

J'apprends au moment même qu'il est question
d'établir un casino dans le vallon donnant sur la
Baie des Trépassés, rien ne m'étonne ici bas, et
tant mieux.

Déjà de la halte des touristes vous apercevez le
phare et le sémaphore... nombreux hommes et
enfants se précipitent déjà en s'offrant comme
guide.

Acceptez de confiance ces gens qui à leur
manière pratiquent le struggle for life.. ils ne
viendront certes pas vous parler de la poésie qui
se dégage du beau spectacle que vous venez
admirer. S'ils vous en parlent, ils voudraient vous
effrayer par la perspective des horreurs que vous
allez voir... in petto, ils n'y croient pas le moin-
drement, ils ne voient rien de dangereux à parcourir ces petits sentiers, qui de loin semblent
tracés pour les cabris... pas plus que ceux-ci, ils
ne voient rien de terrible dans ce spectacle journalier... eh bien oui, tout est relatif dans ce
monde.

Un touriste pour de vrai, désirera voir la pointe
du Ras par une tempête, alors que tout craque,
phare, rochers et les flots. Un touriste intelligent,
et quel est celui qui ne l'est pas? voudra choisir,
saisir sur le vif un point de vue, un site, une scène
à un moment psychologique, non, comme l'anglais
voyageant un livre à la main, ouvrant le précieux

volume à un endroit indiqué. A l'heure fixe il ouvre le livre.. à peine jette-t-il un regard vers l'objet il ferme le livre et c'est fini... Plus tard, il pourra dire, j'ai vu ceci, j'ai vu cela.. en somme a-t-il vu quelque chose?

Beaucoup partent attristés de n'avoir pu voir, mirabiles elutiones maris, les admirables bouillonnements de la mer. Je ne donne pas le conseil d'arriver dans ce but... Dieu merci, cela ne se présente pas tous les jours.

Un matin, je reçus la visite d'un étranger désirant voir les fureurs du Ras.. Natif de Mâconnais, il était haut fonctionnaire dans un département voisin; était-il sorcier? était-il en relations avec le bureau météorologique? Je ne saurais le dire, toujours est-il qu'il ne pouvait mieux choisir... C'était le 4 avril il y a une dizaine d'années... le temps s'annonçait atroce.. avec peine trouvâmes-nous un coupé disponible. Les chevaux eux-mêmes semblaient de plus mauvaise humeur que le conducteur, ils ne voulaient pas marcher, nous avions laissé Audierne silencieux, sur les quais pas une âme tout semblait consigné, la route elle-même était déserte.

Arrivés au phare, nous trouvâmes des gens étonnés de notre arrivée.. J'essayais de détourner mon touriste du voyage périlleux du Tour de la Pointe, qu'un marin s'offrait de guider.

Le guide comprenait fort bien, les motifs qui me déterminaient à rester à l'écart, et je laissais me donner le compliment de pusillanimité... Je restais donc, anxieux quand même.. De loin, je frémissais en voyant les efforts des deux compagnons, s'arcboutant, se soutenant, courbant le corps pour n'être pas soulevés par le vent... Reviendront-ils pensais-je? La mer avait toutes les teintes blafardes... noires, vertes bleues : le vent fouettant la crête des montagnes d'eau agitées, détachaient des flocons d'écume qui, se répandant dans l'air à une grande hauteur, masquaient l'horizon comme des tourbillons de neige.

Un oiseau n'eut pas osé risquer son vol au-dessus des abimes où des diables enchainés semblaient hurler. Quelques goëlands voltigeaient cependant rasant la terre, où jetant ce sifflement ironique et sinistre que l'on connait et qui semble dire: Fu-is, fu-is.. Les mouettes si nombreuses à la pointe d'habitude, se tenaient cachées dans les anfractuosités des roches.

Pas un seul navire au large, on eut pu que gémir sur leur sort; pour tout secours on eut pu donner une prière car les malheureux matelots étaient voués à une mort certaine.

Au bout d'une heure, je vis les deux compagnons revenir, s'arcboutant toujours, se soutenant, le corps en deux plis.

Quand arrivé près de moi, mon ami impressionné put relever la tête et donner libre cours à son enthousiasme débordant, il s'exclama,.. Que c'est beau ! que c'est sublime ! allons de ce pas au télégraphe, je veux annoncer à Mâcon que je suis ici, sorti vivant par un temps pareil... Je n'en perdrais jamais le souvenir.

Le télégraphe est au sémaphore, où nous trouvâmes le guetteur étonné de notre visite... Au sommet du mât, il avait arboré les signaux de la plus forte tempête de Nord-Ouest. A notre arrivée il se trouvait à une vitre-lucarne, et de cet abri il nous signala à faible distance, un magnifique steamer gouvernant mal vers le Ras... en ce moment il était en quelque sorte en abri sous les falaises, malgré tout il semblait être le jouet des flots.

Le navire va droit à sa perte dit le guetteur...

pourvu, ajouta, le marin tristement, qu'ils aient invoqué N.-D. de Bon-Voyage.

Nous n'avions nullement besoin de la lunette marine pour distinguer l'équipage. Trois hommes étaient à la barre qui réclamait parait-il assistance, les autres s'apercevaient éparpillés, accroupis près des bastingages. Pour nous c'était poignant de les voir ainsi aller à leur perte, nous serons les derniers à les voir en ce monde, disions-nous.

L'équipage aurait bien pu nous apercevoir, nul des marins ne songeait à regarder du côté du séma- phore où nous étions renfermés, mais d'où nous pouvions les apercevoir. Tous les matelots avaient les yeux tournés vers les courants, vers les mon- tagnes d'eau qui assurément devaient être leur tombeau.. Comment un malheureux condamné à mort, envisagerait-il sans frémir les canons des chassepots braqués vers leurs poitrines, si l'on n'avait pas l'humanité de leur bander les yeux, et ceux-ci avaient la mort évidente devant leurs yeux. Ils n'étaient pas aveugles.

En jetant un dernier regard de tristesse, nous nous éloignâmes, ne pouvant attendre la fin du drame.

Le surlendemain on lisait : « Le vapeur, *La Vendée*, s'est perdu corps et biens à la traversée du Raz, les épaves trouvées dans les parages d'Ouessant, ne laissent aucun doute.

C'était le beau steamer dont nous n'avions pu lire le nom. Touristes, je ne vous laisse pas le sou- hait de jouir d'un pareil spectacle, il reste un sentiment pénible.

Les visites se font à la belle saison, et quand par l'imagination seulement on assiste à pareil spec- tacle, ce n'est plus la même chose.

Autrefois, à la pointe du Ras, il y avait un phare, un peu plus loin un fanal. Il y a quelques années

une modification se fit... On construisit un phare
sur la roche la vieille (Gorlebella) un peu plus bas,
et l'ancien phare qui existe encore fut supprimé.
L'administration en supprimant celui-ci, savait
bien ce qu'elle faisait, des capitaines au contraire
semblaient le regretter. Mais peut-on contenter
tout le monde et son père, dit le bon Lafontaine ?
mais si le fanal n'est plus là on n'a pas enlevé le belvédère. Allons ! haut les cœurs, et grimpez ; certes
l'escalier en spirale n'est pas large et vous n'êtes
pas sujet aux palpitations de cœur.. Un touriste
vrai ne voit son cœur battre que devant les beautés
de l'horizon, c'est entendu.

Je ne l'engage pas à donner le bras à une sémill-
lante cavalière, ce n'est pas le splendide escalier
de M. Garnier à l'Opéra.. On y va à la queue, leu,
leu.

Dès la plus haute antiquité, il y avait des phares,
on en parle dans les merveilles du monde.. Oh!
oui, mais ici comme il faut admirer le progrès
bienfaisant de la science humaine, et c'est ici que
nous devons saluer ces miracles de physique optique, ces combinaisons des Fresnel et autres ;
ces prismes, ces miroirs convergents et divergents
lançant la lumière à des distances incalculables
pour le bien de ces cœurs triplement cuirassés
d'airain, comme dit Horace, qui vont luttant sur
le sommet des vagues, dans une obscurité
complète.

Le christianisme naissant fit du phare un de ses
emblèmes, le guide dans la vie militante si pleine
de ténèbres et d'écueils, où nous marchons comme
des aveugles si nous n'avons pas la lumière.

Dans les catacombes, le phare est un des emblèmes le plus souvent reproduit dans les fresques
conservées par le temps. Mgr Gerbet, évêque
de Perpignan, raconte son voyage à ces sombres

retraites des vieux chrétiens (de son temps comme de nos jours; vous pouvez allez vous en rendre compte, et je le vous souhaite, le cicérone est un trapiste.

> Un ermite au froc noir, à la tête blanchie,
>> Marchait d'abord.
> Vieux concierge du temps, vieux portier de la vie,
>> Et de la mort,
> Et nous l'interrogions sur les saintes reliques
>> Du vieux combat
> Comme on aime écouter sur les combats antiques
>> Un vieux soldat.
> Plus loin sur les tombeaux, j'ai baisé maint symbole
>> Du saint adieu,
> Et la palme et le *phare*, et l'oiseau qui s'envole
>> Au sein de Dieu
> Jonas après trois jours, sortant de la baleine
>> Avec des chants,
> Comme on sort de ce monde, après trois jours de peine
>> Nommés le temps

'La vue du phare, apparaissant dans la nuit sombre, inopinément au voyageur qui a été plusieurs jours loin de toute terre, produit une impression si heureuse que je ne saurais la traduire, c'est comme pour le naufragé en péril, le cri terre.

Pour le capitaine, c'est le point de repère, et nul ne saurait s'imaginer comment il est inquiet, quand il n'aperçoit pas le feu signalé par la carte et qu'il suppose être dans sa direction... C'est aux endroits les plus dangereux, que ces anges gardiens se multiplient; et le passage du Ras, est un des plus dangereux des côtes, aussi le navire a-t-il avant de pénétrer dans la passe derrière lui le phare de Penmarch, qui dans quelques années sera une des merveilles du monde, des gerbes continues de lumière électrique éclairant à quatre-vingts milles, devant lui les phares de La Vieille, de l'Ile de Sein, au-delà l'Armen, Trevenet, Toulinguet, Saint-Mathieu, presque tous de première classe, éclairant à vingt milles; plus loin les Molènes, les deux phares d'Ouessant dont l'un est mû par l'électricité sans compter, nombreux phares secondaires ou fanaux. Du haut de ce belvédère, vous pourriez les apercevoir tous les soirs, blancs, bleus, sanguinolents, à éclipse, etc. Spectacle magique la nuit, constellant le même horizon, tandis qu'à faible distance passent aussi des steamers avec leurs feux, blancs, bleus, rouges.

Le jour, autre est le point de vue. Il n'est pas nécessaire que le temps soit bien clair pour distinguer l'Ile de Sein. Elle est devant vous, presque à fleur d'eau, bien basse assurément puisque à plusieurs reprises la mer a fait irruption sur la terre, et a forcé les habitants à chercher un refuge sur les toitures... On peut le lire dans le Raz de Sein.

Y a-t'il un cataclysme qui l'a séparée du continent? Je possède un dessin dressé par un ingénieur qui le suppose... il dessine la déclivité du sol qui aurait existé, résultat de ses opinions personnelles évidemment, qu'il s'est gardé d'enseigner comme une vérité.

De cette pointe de la Cornouaille, extrémité du vieux monde finis terræ, Gobœum promontorium, de Ptolemée d'Alexandrie vous voyez deux mers, à gauche l'Océan, à droite la Manche, après l'Iroise. De là, ces courants dangereux qui viennent battre et chavirer les navires, qui dans cette lutte ne sont en somme que de vraies coquilles de noix, courants terribles il est vrai, souvent moins dangereux que le calme.

Les courants varient à toute heure de la marée. Aux trois dernières heures du jusant, portant sur les écueils de La Vieille (Gorlebella). Dans les temps calmes rien ne saurait tirer un navire à

voiles pris dans ces remous, la houle du large le
porte en travers, et alors comment pourrait-il
gouverner.

> Nep no sent ket, ouc'h ar stur
> Ouch ar garree, a ra zur

Si le navire n'obéit pas au gouvernail, il le fera
sûrement au rocher... en effet les tourbillons saisissent le navire qui d'abord talonne sur quelques
fonds, et finalement disparait; les courants sous-
marins s'en emparent à leur tour, et plus tard,
mais longtemps après, les débris se retrouvent en
morceaux sur la Baie des trépassés, heureux
quand les pauvres marins ont pu se retirer
à temps dans les canots du bord.

Que de richesses englouties dans ces parages,
bonheur du riverain quand le douanier n'est pas
là, il guette un baril de rhum, de vin, une caisse
de fromage, de dentelles quelquefois, souvent des
produits exotiques, de bois de Tech, des billes
énormes d'acajou, etc.. J'en ai longuement parlé
dans le Raz de Sein. On peut le lire, comme tout
ce que j'ai écrit sur les croyances ou droit d'épaves,
communes à toutes les populations des côtes sans
exception.

Je vais maintenant parler du Tour de la Pointe
que presque tous les touristes désirent faire. Je
donne le conseil aux personnes qui craignent le
vertige de s'en abstenir. Quelques guides diront :
Ce n'est pas dangereux, ils disent vrai, mais
nombreuses personnes se sont arrêtées à mi-
chemin, ont préféré revenir.

Vous désirez contourner la pointe.. eh bien
c'est cette colossale croupe de roches amoncelées,
extrémité du cap Sizun, surplombant les gouffres
de 250 pieds... Ce spectacle est du reste continu,

le long de la côte. En suivant la baie de Douarnenez, on y trouve des précipices plus effrayants encore.

Quelques guides ici, viendront renchérir sur les dangers que vous pouvez courir, mais croyez-le bien, c'est plus effrayant de loin que de près.

Ces petits sentiers que vous apercevez, et qui semblent ne pouvoir donner passage qu'à un cabri, effrayent quelques personnes... mais je puis vous le dire, c'est un effet d'optique... On ne parle pas d'accident, peut-être parce que les personnes qui craignent le vertige, s'abstiennent et elles ont raison.. L'impression qui est la plus pénible, est la terreur que l'on éprouve des imprudences de quelques compagnons... Les bravades, les forfanteries d'un compagnon, gâtent toujours le charme de cette promenade accidentée.

Toujours on s'engage par le côté droit, par une manière de sentier, se transformant, bifurquant à travers un passage entre deux rochers; on monte, on descend, on remonte encore, sur de la pierre Dieu merci, car le gazon est traître et glissant.. çà et là, quelques touffes d'herbes marines, des joncs marins en fleur, quelques fougères dont une est en quelque sorte particulière au raz, du moins on ne la voit qu'ici si fréquente : j'ai vu plusieurs touristes en emporter des touffes, je ne saurais dire si la transplantation a réussi ailleurs.. je doute, et cependant cette fougère ferait très bel effet dans une jardinière, tant elle a d'élégance svelte, avec ses fines dentelures. Partout au-dessous de vous, ce sont des précipices profonds.

Voici ce qu'en dit un écrivain qui a longtemps habité le pays et que nous avons tous connu.

Soudain on domine un abîme effrayant dont les murs noirs comme s'ils portaient le deuil, rouges comme s'ils étaient éclaboussés de sang, vous renvoient le bruit curieux du combat marin qui se livre constamment au fond de ce trou si bien nommé l'*Enfer*... Voilà ce que dit M. Octave Mirbeau, encore ne parle-t-il pas des jours de tempête, où vous croyez entendre des nuées de diables enchaînés, hurlant, se débattant... Le Dante n'y a pas songé dans sa description de l'enfer... et ces descriptions, lues dans la langue du grand écrivain italien, laissent dans l'esprit de ceux qui les lisent, une impression d'horreur inimaginable... surtout la grotte des serpents, où vous voyez ces affreux reptiles s'enroulant autour des damnés, je l'ai vue reproduite par la gravure et c'est affreux... Il en serait de même dans cette grotte, à laquelle on a donné le nom de *trou de l'Enfer*... Il est dans le parcours, des roches aux formes fantastiques, offrant dans cette chaîne de multiples rochers, des formes d'animaux étranges, tel qu'un crocodile en granit, qui a un rictus hideux.. à s'y méprendre, dirait-on ; cet affreux animal semble offrir sa croupe aux rayons directs du soleil.

Plus loin, mais tout à fait à la pointe extrême, un peu comme à Penmarc'h, on voit *la pierre du moine couché*... Ne dirait-on pas, un moine et son capuchon... il est là, étendu comme ces chevaliers d'autrefois, dont on rencontre encore quelques pierres tombales dans les vieilles églises.

Le guide vous montrera encore ce que l'on appelle *la grande cheminée*.. Sans doute ce sont des noms de convention, en somme il ne faut pas grand effort d'imagination pour embrasser l'ensemble du sujet... A l'île de Sein, on voit sur le côté ouest une pierre branlante, énorme, ayant la configuration complète d'un homme tirant la langue, d'un pied vers la mer... ce doit être un buveur pétrifié condamné au supplice de Tantale.

Là, aussi sans effort d'imagination on rencontre comme une tombe d'évêque ou d'abbé mitré : de loin ce n'est pas, dirait-on, un effet d'illusion, mais de réalité.. quand vous en approchez il n'y a plus rien... Comme les nuages qui se rassemblent par les orages et les grands vents, présentent toutes les formes étranges de figures, de montagnes, d'animaux.

Arrivés à cette extrémité de pointe, surplombant cette mer qui mugit à vos pieds, devant ces courants divers qui assombrissent la mer, que de réflexions vous viennent! C'est peu de chose quand la mer est calme. Vous apercevez bien quelques marsouins qui jouent, qui s'en vont par troupe, se faisant un plaisir de lutter contre le courant.. Souvent vous les voyez rebondir et retomber quelques mètres plus loin. Ne dirait-on pas un steeple, une course... Hélas! souvent malheureusement ils sont à la poursuite d'un banc de sardines, et ils en engloutissent des milliers.

C'est la plaie de nos côtes, le désespoir de nos marins dont ils déchirent les filets. On essaie tous les moyens de destruction, mais il est si difficile de les saisir et ils sont si nombreux! C'est surtout dans les parages du golfe de Gascogne, dont les eaux sont plus chaudes, que vous en comptez des milliers, car là se trouve le passage des bancs nombreux qui s'approchent de nos côtes de Bretagne.

C'est là, du haut de ces rochers de la pointe, qui plongent dans la mer, déchirés entaillés sinistrement, qu'on peut admirer le poignant spectacle de cette mer verte.. C'est là que vous viennent à l'esprit par les tempêtes, ces mots de l'écriture : «mirabiles élationes maris.» Quand surtout ces flots se déploient furieux, balayant cette suite de récifs qui montrent au-dessus de l'eau, leurs têtes noirâtres... Quand les mouettes voltigent peu loin de la côte, quand les goëlands dont c'est ici l'empire, passent avec un cri aigu au-dessus de votre tête, instinctivement, vous vient à la mémoire cette vieille chanson bretonne, dont voici une pâle traduction :

Les Goëlands sur l'abîme,
S'agitent dans les airs,
Le feu qui les anime,
Ne connaît pas d'hivers,
Des frontières d'Espagne,
Aux champs Armoricains,
Enfants de la Bretagne,
Répétons le refrain.

Notre bonne sainte Anne
Seul appui du marin,
Protégez la tartane,
Qui fait voile demain,
Pour Dieu, pour la Patrie,
Pour vous nous combattons,
O patronne chérie,
Bénissez les Bretons.

Ce côté droit que je vous ai décrit, est le plus difficile à parcourir. Une seule anfractuosité est devenue en quelque sorte célèbre, et d'un accès facile sur le côté opposé. C'est comme un banc naturel taillé dans un enfoncement de roche... La grande actrice Sarah Bernhardt, vient s'y asseoir, on lui a donné son nom. Vraiment, si c'est là la seule distraction qu'elle se donne quand elle vient passer des quinzaines à Audierne, elle doit prendre peu d'amusements... elle s'en donne d'autres, je le suppose... Un soir, accompagné d'un ami de l'opéra, elle voulut se donner une promenade sentimentale, sur le Goyen, — on n'a

pas besoin d'aller à Venise pour trouver une
gondole — ils remontèrent en bande joyeuse
jusqu'à Pont-Croix. Là on s'attarda un peu à
rêver sous le pont des soupirs, et quand il s'agit
de revenir les eaux avaient baissé, et il faisait
sombre... La rivière est un peu plate aux premiers
kilomètres, et la barque s'envasa.. position désa-
gréable la nuit, rester dormir dans la barque
pour attendre le nouveau flot, est peu agréable,
ôter ses cothurnes au risque de les égarer
comme Cendrillon, tout un embarras... La position était critique, car on est sûr d'avoir la vase
jusqu'aux genoux si l'on veut gagner le bord, elle
préféra se faire hisser sur les épaules du marin,
qui se trouva très fier de cet honneur... J'en souhaite autant au touriste qui voudra s'asseoir à la
place indiquée; pour quelques personnes il faut
si peu de chose pour être heureux!.. Ils pourront
dire, nous nous sommes assis sur le banc de
Sarah Bernhardt. Eh bien! après... Ce n'est pas
là ce qu'ambitionnera un touriste sérieux, qui
préférera remonter, en jetant un dernier regard
sur l'immensité des flots, sur cette extrémité du
vieux monde appelé par Ptolémée d'Alexandrie,
Gobeum promontorium.. faisant pointe à peu près
sur les bancs de Terre-Neuve, sur les icebergs
qui se trouvent dans les mêmes latitudes, bien
qu'ici ils se trouvent dans le pays tempéré par
excellence, rarement on y voit des glaces, encore
moins des neiges, mais le Dieu des bourrasques,
le père Borée s'en donne, s'en donne souvent, et
gare alors aux coquilles de noix, ces pauvres
navires qu'il chavire volontiers faisant concur-
rence aux vierges de l'île de Sein, qui sont mortes
de maladies de poitrine.. on en verra les raisons
dans ce que je raconte dans un voyage fait aux
vestiges druidiques à l'île.

Vous avez encore à voir sur le sommet de la falaise, ce que l'on nomme la pierre du compas... C'est une sorte de rose de vents gravée sur une pierre plate.. elle doit dater au moins de deux siècles. Servait-elle à diriger les yeux des vigies exercées, qui le maintenaient là, guettant les naufrages, provoquant même dit-on, la perte des navires ?

Vous avez encore à visiter, si vous passez au mois de juin la grotte aux oiseaux... Vous y voyez des milliers de nids, du sommet on aperçoit les mouettes couvant leurs œufs.. elles restent à leur poste, certaines de ne pouvoir être atteintes. Par pitié épargnez-les, touristes. J'en ai vu qui se faisaient un plaisir cruel de les exterminer du haut de la falaise, car elles sont à petite portée de fusil.. plaisir cruel et sans but, car on ne peut saisir la victime qui retombe au fond du précipice. De grâce épargnez-les, ce sont les auxiliaires des pêcheurs auxquels ils indiquent souvent les bancs de sardines, et pour le marin du large quand elles s'aventurent au loin, elles indiquent que la terre est proche : quel mal font elles ?

Les cormorans, les goëlands ne sont pas amis, car ils font bande à part. Les uns font domaine de la pointe du Van que vous voyez à droite, les autres, de la pointe rivale. Quelques roches sont couvertes d'un vrai Guano, et portent comme une chevelure blanche... Le cormoran goulu dépèce sa capture sur une pierre plate à laquelle on a donné le nom de table des cormorans... Le jour ils pêchent, et le soir ils rentrent au logis... Peut-être ces deux camps ennemis se sont divisés (comme les hommes), les lieux de pêche, et peut-être mieux que les hommes, observent-ils leurs contrats? On ne les voit pas dans les mêmes parages... Je souhaite aux touristes d'avoir apporté d'amples provisions;

car l'estomac excité par l'air de la mer, et le travail que l'on a procuré aux jambes, réclamera à bon droit sa récompense.

Il est une jouissance que beaucoup de touristes aiment à se procurer en rentrant au phare... inscrire leurs noms sur les registres des visiteurs... Il en est qui accompagnent leurs signatures, de réflexions plus ou moins drôles, on en voit de sérieuses, on en voit de cocasses, baroques, spirituelles, bêtes. Que de personnalités ont paru là, depuis que le phare est livré aux visites, c'est-à-dire depuis cinquante ans.

Que de noms connus j'y ai noté... des sommités de la finance, des lettres... etc., un peu de tous les pays, de partout, des anglais, des français, des allemands... etc.; des poètes, des peintres, des artistes de toutes nuances... Émile Gaboriau, Millerand, Tirard, Lasalle, etc... Il y a une dizaine d'années j'y voyais Alphonse de Rotschild, mais il ne daigna pas mettre son nom, craignait-il par hasard qu'un jour Edouard Drumont vienne prier d'en faire la rature?.. car ces juifs s'immiscent partout, Drumont n'y tient pas..... et il a raison.

La route que nous avons décrite; plateau plus élevé allant au bec du Raz, n'est pas la seule, Beuzec est l'autre clef du cap, le long de la baie de Douarnenez.

Disons-le de suite: Les côtes de Beuzec offrent des sujets d'attraction de premier ordre, des successions de falaises, de précipices insondables, peu connus.

Quelques-uns ont accompli le tour de force de les parcourir, sans cela je n'en dirais pas un mot, mais ce serait manquer à la tâche que je me suis imposée... Faire connaître tout le Cap-Sizun. Les touristes qui ont fait ce voyage, sac au dos, en

véritables alpinistes, pourraient avancer que je
n'ai pas tout dit... et ils auraient raison.

Falaises élevées, couvertes de blocs immenses,
de rochers, fuyant avec des arêtes aiguës sur la
déclivité du terrain, souvent une force inconnue
les a arrêtés dans leur chute, on se demande par
quel miracle d'équilibre, ils restent ainsi en place,
quand la poussée d'un doigt semblerait suffisante
pour les faire rebondir; ils restent là, ces blocs
posant des milliers de kilos, superposés, sans
ordre, véritable chaos et leurs angles sont arron-
dis par les vagues.

Un touriste auquel peu de curiosités étaient
inconnues, puisqu'il avait parcouru les Pyrénées,
les Alpes, les Montagnes de l'Illyrie et tant
d'autres endroits encore, me disait que ce désert
chaotique était ce qu'il avait le plus admiré le
long des côtes du Cap-Sizun.

Dès l'arrêt de la station à Beuzec, le touriste
peut aller voir à une faible distance, la *Galerie
couverte de Kerballanec*.

Elle mesure une quarantaine de pieds de longueur... on se demande par quelle opération
balistique, si l'on veut mieux lire cabalistique,
on est parvenu à poser sur ces hautes pierres
verticales, ces pierres plates du sommet... une
seule d'entr'elles mesure trois mètres de chaque
côté; un homme de six pieds pourrait pénétrer
dans la galerie, sans courber la tête. Plus loin,
c'est Loscogan, près du fanal *Millier*. Là se
trouve une minuscule chapelle... Au milieu d'un
chaos de pierres, rondes, carrées, etc., on distingue l'une d'elle, c'est exactement une chaloupe
non creusée, droite sur sa quille, l'avant taillé en
biseau, l'arrière aussi en forme de barque... on
voit que toute main humaine est étrangère à cette
forme.

Eh bien! c'est la barque qui amena le saint du
eu, à travers les mers... Vous êtes libres de ne
s y croire, mais vous ne pouvez pas dire que le
oc ne ressemble pas à un canot bien propor-
nné.
Yan Dargent, représente bien St-Houardon,
ussé sur les flots par deux anges qui ont les
es déployées. Le saint est représenté dans une
ge en pierre.. Pourquoi notre saint de Beuzec,
serait pas venu sur une pierre ayant la forme
n véritable canot? Les anges ont dû cependant
ployer de larges ailes pour la hisser sur la
aise, au milieu d'un champ de landes qui la
mise depuis des siècles.
Allez un peu plus loin, et vous trouverez Castel-
z (le vieux château). Ici il faudrait de la science
e je ne me flatte pas d'avoir, pour émettre une
inion.
En me taisant, je me procure le plaisir de ne pas
nner lieu à des controverses. Je préfère indi-
er aux amateurs un livre savant : «*The oppidum
Castel-Coz-Beuzec, Cap-Sizun (Quimper Britanny)*
8° avec planches, *London 1870*... Je n'ennuierai
s de la sorte les touristes qui préfèrent arpenter
terrain. Ils eussent vu sur le sommet de ces
aises il y a quelques années, des affûts, des
ces de canons, longues de plusieurs mètres, on
a enlevés.. A quoi servirent-ils?
Sur ces plateaux couverts de bruyères, on est
êté à chaque pas par d'immenses blocs de
anit de toutes formes et sans ordre. Près d'eux,
trefois pâturèrent ces petits moutons, dont les
ots imprégnés du parfum des grèves et des
ntes marines avaient un grand renom (moutons
Pont-Croix). Ils disparaissent, comme là aussi,
t disparu ces bandes de lapins, que l'on aper-
ait jadis all nt faire à l'aurore la cour, parmi le

thym et la rosée... C'est dire que les cavités des roches, n'ont pas de secrets pour les braconniers.

Les modestes douaniers arpentent seuls ces falaises, guettant des années entières, d'invisibles contrebandiers.

On a bien ri (mais les pauvres douaniers ne riaient pas), quand en 1888, nos gouvernants affolés, craignirent une descente du général Boulanger. Véritable retour de l'île d'Elbe, parbleu Celui-ci n'y songeait même pas, il préférait effeuiller des *Marguerite* à l'étranger. Le vide s'était fait autour de lui, prélude de ce fatal oubli auquel cet homme ne put se résigner.

Malgré tout, ces factions de mois entiers et de nuit et de jour, de ces paisibles préposés, sur ces falaises dangereuses ne les faisaient pas rire, eux qui sont amis de tout boulanger, envoyaient au diable les gouvernants, qui en plein jour n'eussent pas osé s'aventurer aux postes indiqués.

Peut-être songeait-on à trouver quelques complices dans le Cap-Sizun. Pourquoi pas ? Le yacht *Le Pétrel*, où se baladaient Boulanger, Dillon et Rochefort and C*ᵉ*, était commandé par un capitaine d'Audierne... pas conspirateur du tout, le brave Verne.

Ici les falaises changent souvent d'aspect, avec leurs pentes bouleversées, déchiquetées. Les rochers ont un nom, parce que presque tous ont une forme. L'imagination superstitieuse du breton, est plus prompte qu'aucun autre à donner une forme aux choses.

Rarement le riverain peut descendre au bas des falaises que des cabris eux-mêmes ne sauraient franchir. Presque tous cependant sont pêcheurs. Assis sur quelque rocher que les flots ne sauraient atteindre, ils lancent la ligne, pêchent surtout ce poisson aimé de tous les marins, *la Vieille*, un saxile blanc, bleu, rose, qui circule le long des rochers. La nuit, mais alors c'est un danger; ils prennent encore d'énormes congres noirs... les grisâtres fréquentent les sables du large.

Les parois de ces roches inaccessibles sont tapissées de moules de toutes tailles. Là aussi on trouve un zoophite, étrange, que l'on ne rencontre que sur ces parages.

Les savants qui sont des hommes habiles, ont trouvé dans son *museau* pointu, une ressemblance avec le bec d'un canard; ils lui ont donné le nom de *Lepas analifera*.

Nous autres simples et naïfs mortels, qui voyons les choses sous leurs formes vraies, nous lui donnons le nom de *pouce pied*. Il ressemble à un orteil pour la longueur et la grosseur, son *museau* est d'un blanc bleuâtre, sa tunique comme une toile d'amiante... aucune machine ne pourrait la tisser aussi belle. La chair rouge, d'un goût plus fin que le homard, festin de prince pour quelques-uns; mais combien difficile en est la cueillette? Il faut que ce soit aux marées d'équinoxe; un intrépide descend armé d'un fort râteau en fer. Le zoophite se compose lui-même un ciment tellement tenace que pour l'obtenir on emporte le quartz.

Disposés à la ligne de flottaison horizontale que baigne la mer, ils sont là, par paquets, de dix, cent, mille... on arrivera à les détruire tant on en fait consommation, car l'animal que l'on dresse à la recherche des truffes en est friand, et on ne les en prive pas.

Au milieu des flaques d'eau que la mer abandonne à chaque marée, on voit encore des quantités et des quantités d'oursins... Braves Marseillais, c'est votre régal ainsi que les clovisses, venez donc, nous vous les abandonnerons, car nous les dédaignons...

Les sentiers sont si souvent funestes aux riverains et à leurs animaux qu'on ne compte plus les accidents.

Les rochers eux-mêmes ont leurs histoires.. Un professeur du petit séminaire, des douaniers, des promeneurs y ont trouvé la mort.. La mer est ici plus traîtresse qu'ailleurs; sournoisement, une lame de fond se lève, s'enfle à la surface, enlève l'imprudent qui se débat un instant et ne reparaît plus, il n'en est pas un exemple..

Et l'avare Achéron, ne lâche point sa proie.

Une nouvelle lame de fond a ramené le cadavre dans quelque grotte sous la falaise, congres et crabes feront festin, et nous, à la suite, nous mangeons congres et crabes.. Nous devenons anthropophages... Bah! un philosophe l'a dit :

Les petits cochons mangent la m... et nous mangeons les petits cochons.

Le long des côtes, nombreux cormorans. Quelques roches sont couvertes de guano... Le printemps est la saison des nids, et l'on en voit assez gourmands, assez gourmets, je dois dire, pour aller prendre le jeune cormoran au nid, quand un léger duvet les recouvre à peine... Un marin me disait : « Il faut dire qu'ils sont loin d'être difficiles. » Les pigeonneaux ne sauraient donner une idée de la délicatesse, de la saveur de la chair du jeune cormoran. *C'est distingué*, comme toujours le superlatif qu'ils emploient est celui-là.

Dans quelques rares criques (un ou deux), bien à l'abri, on possède une petite barque, et la chasse au cormoran est une distraction; on la procurait il y a quelques années au romancier Pierre Maël... Est-ce à cette promenade qu'il doit l'idée de son roman *Les Pilleurs d'Épaves?* C'est dans ces parages qu'il met le nœud de l'action de son feuilleton.

Dans cette dentelure du rivage, on trouve quelques criques, fyords sans importance outre les collines rapprochées. La distance est faible, un filet est tendu dans l'intervalle, il flottera au-dessus de la lame quand la marée viendra apporter son afflux; malheur alors au mulet, au bar qui viendra prendre ses ébats, car c'est le jeu qu'ils aiment le long de la côte.

Quelquefois ce sont des bancs entiers qu'à l'entrée des fyords viennent prendre leur récréation, aussi, les guette-t-on. Le mulet, dit le marin est fin, comme un merle, malgré tout il se laisse surprendre quelquefois... Quand la vigie aperçoit quelques museaux bleus à la surface, on avertit le voisinage ou du moins les proches... Alors quelle curée! Une battue en règle est organisée, ils sont dix à douze. Le lendemain on lit dans les journaux: Les marins de X... dans un seul coup de senne, ont capturé 1800 mulets, vendus à un mareyeur au prix de 2,500 fr. C'est rare, mais ceci est arrivé plusieurs fois.

Ces criques non étendues ont encore un avantage.

Après la tempête, elles deviennent le magasin naturel des goëmons détachés des prairies de la mer, ils ne peuvent s'étaler sur les parois qui ne se découvrent jamais... ils s'accumulent en grosses quantités dans l'antre béante qui se présente... Quand le flot s'est retiré, croyez-vous qu'il soit bon de laisser se perdre ce don de Dieu, cet engrais de premier ordre, ce combustible même si mauvais qu'il soit? Vous connaitrez mal le travailleur de la mer si vous y songiez. Comme le héros de Victor Hugo qui va dans la caverne sous la roche affronter la pieuvre, ici un intrépide descendra... C'est à 250 pieds, à 300 pieds, soit, mais il descendra, un palan muni d'une longue corde est

installé.. le gars intrépide descendra par ce
moyen dans l'abime, profite du répit du flot pour
rassembler les tas, que les compagnons font hisser
à fur et mesure au sommet.. Quand le flot arrive il
est temps qu'il remonte lui-même, le reste sera
pour la marée suivante.. Au sommet le travail
n'est pas encore terminé, car il faudra encore
monter au moyen de civières le précieux engrais
jusqu'à l'endroit où un chariot pourra tout prendre
et amener au champ.. J'ai décrit comment sur les
rivages plus plats de la côte opposée on les fait
sécher, puis incinérer. Là, c'est dangereux, ici,
c'est plus pénible encore :

> Travaillez, prenez de la peine,
> C'est le fonds qui nous manque le moins

N'est-ce pas ainsi que cela se pratique dans certaines parties des Alpes, des Pyrénées, dans la
Lozère, il y a sur la montagne des plateaux élevés
que ni animaux, ni chariots ne peuvent atteindre.
Les hardis montagnards ne veulent pas laisser
perdre une riche moisson des foins qui seront les
plus parfumés... Des travailleurs grimpent au
moment de la maturité des graminées... Là, les
foins coupés se fanent tout seuls, et ils les pro-
jettent ensuite d'étage en étage, jusqu'à l'endroit
de la montagne où les chariots peuvent les prendre.
On recommence l'année suivante.

Un fyord assez important se trouve cependant à
un endroit de la côte de Beuzec-Cléden... C'est
Téolin... il n'est pas grand, mais très profond, et
les navires du plus fort tonnage peuvent accoster.
Quel bel emplacement pour un port... trop petit
malheureusement !

Le reste de cette côte n'est qu'une suite de
falaises escarpées jusqu'à Castelmeur, de Castel-

meur à St-Thei, à la pointe du Van, point terminus précédant la baie des trépassés.

Qui a-t-il donc d'étonnant, si aux temps obscurs, où la conscience humaine, ne s'était pas encore révélée, les populations ne profitaient pas des dangers de ces côtes dangereuses pour attirer les vaisseaux en perdance, allumant des fascines aux cornes des bestiaux, se livrant ensuite au pillage par les droits de bris.

La pointe du Van enferme entre elle et la pointe du Raz, la lugubre baie des trépassés ; où viennent se concentrer toutes les épaves des naufrages.. et combien autrefois étaient fréquents les sinistres! (Lisez Cambry, *Voyages dans le Finistère, 1836...* Vingt-trois navires sont venus se perdre la même année, sur les rochers à la pointe du Raz et environs.

Jadis, au cri de ralliement « *pasè zoan od* », il y a des épaves à la côte... les riverains se hâtaient de courir à l'endroit indiqué. Un espèce de syndicat était formé pour le pillage des navires. Quelques vigies à l'œil exercé surveillaient à tour de rôle... Après le pillage, part égale ; les absents n'étaient pas oubliés, que de scènes terribles et d'orgies se sont passées!

On peut relire tout ce que j'en ai écrit dans le Raz de Sein. Les vigies se trouvaient un peu partout; mais surtout aux deux pointes principales, à la pointe du Raz... à la pointe du Van, qui sont les rivales.

Toutes ces scènes, avaient lieu, à ces époques, à ces temps obscurs, où la conscience humaine ne s'était pas encore révélée.

Mon Dieu, ce n'est pas la même chose maintenant, on n'attirerait pas un navire en perdance, mais la théorie est toujours là.. la même partout (c'est la providence qui nous envoie cela et ils ne

sauraient considérer ces larcins comme vol[s
pour eux ce sont des profits licites). Il faut bie[n
faire la part de la pauvre nature humaine, et con[
bien parmi nous ne seraient pas indulgents, s'[
fallait punir un pauvre diable qui au risque de [
vie quelquefois, s'est emparé d'une épave, un fû[t
de rhum, de vin, etc... Où est alors le titre d[e
propriété? Rappelons-nous une chose, les rive[
rains trouvèrent une source de revenus dans le[s
nombreux naufrages qui avaient lieu dans ce[
parages.

Toute cette pointe du Van et les environ[s
portent des marques indéniables de l'occupatio[n
romaine. A Castelmeur, à St-Thei, à Troguer, o[
l'on retrouve des ruines étranges. *Mogher gregh[*
murailles des grecs. Dans Raz de Sein, je disai[s
ceci: Il y a une dizaine d'années, un horloge[r
d'Audierne achetait d'un cultivateur dont la pro[
priété borde la mer et les talus de cette voie, u[n
vase plein de pièces romaines d'or, d'argent et d[
bronze... Je les ai vues, elles étaient des premier[s
César, d'Auguste, de Titus, de Vespasien[,
d'Antoine-le-Pieux.

Cette voie romaine s'avançant dans la mer, me[
nait-elle à la Ville, Dis?.. Tout cela restera à l'éta[t
de légende, et jamais on ne saura rien là-dessus.[
Il y a autant de preuves pour la négation que pou[r
l'affirmation : Une seule chose est réelle... Aũ[
premiers siècles de notre ère, une cité a disparu.[

Si la Ville d'Is avait eu l'importance qu'on lu[i
donne dans les légendes, comment César si expli[
cite dans ses commentaires, n'en parle-t-il pas[
C'est une remarque qui m'a été faite souvent.. oui[
mais César vivait antérieurement à l'ère chré[
tienne, et il s'agit de la disparition d'une ville à l'a[n
544 de notre ère. Cinq siècles après.

Quoiqu'il en soit, nul ne saurait ébranler le[

onvictions du peuple... Ce n'est pas une raison
our la science, les savants ne s'inclinent pas
même devant la vérité.

Il est probable que l'Ile de Sein était autrefois
attachée au continent.. J'ai vu, je l'ai déjà dit, un
plan dressé par un ingénieur, décrivant à son idée,
la déclivité du terrain, jusqu'à l'Ile de Sein, et
même au-delà... Nul ne pourra contester que les
terrains de l'Ile s'étendaient autrefois au-delà de
ses limites actuelles. Que diront nos petits neveux
dans quelques siècles d'ici.. La chaussée de Sein
a dû être recouverte de terre.. elle avait dit-on,
autrefois, plus de sept lieues. Maintenant a-t-elle
trois kilomètres?

Ville d'Is

La légende Française concernant la ville disparue, fait remonter à l'an 544 de notre ère, l'invasion des eaux qui la fit complètement disparaitre... On voit encore de vieux murs portant le nom de *mogher greghi*. Plusieurs routes anciennes aboutissant aujourd'hui à la mer, devaient autrefois se prolonger dans la baie de Douarnenez.

La ville, dit la légende française, était luxueuse, le palais somptueux, la cour adonnée à tous les plaisirs.

La fille du roi, la princesse *Dahut*, était belle... coquette et licencieuse, malgré l'austérité paternelle; et se livrait à de folles orgies. Gradlon avait promis d'interposer son autorité, d'arrêter les scandales de sa fille, mais l'indulgence paternelle l'avait toujours emporté dans son cœur.

La jeune princesse forma un complot pour s'emparer de l'autorité royale, et le vieux roi ne tarda pas à être relégué dans le fond de son propre palais; elle présida aux cérémonies, à l'ouverture des écluses, eût la fantaisie de les ouvrir un jour de grande marée.

C'était le soir, le roi vit venir devant lui St-Guenolé, apôtre de la Bretagne qui venait lui annoncer l'imprudence de sa fille... La mer pénétrait dans la ville, la tempête la poussait devant elle, il n'y avait plus qu'à fuir, la ville entière était destinée à périr et à disparaître.

Gradlon voulut encore sauver son enfant des suites de son imprudence, il l'envoya chercher, la prit en croupe sur son cheval, et suivi de ses officiers se dirigea vers les portes de la cité. Au moment où il les franchissait, un long mugissement retentit derrière lui, il se retourna et poussa un cri... à la place de la ville d'Is, s'étendait une baie immense sur laquelle se reflétait la lueur des étoiles. Les vagues arrivaient sur lui frémissantes, allaient l'atteindre et le renverser, malgré le galop de ses chevaux, lorsqu'une voix éclatante retentit :

« Gradlon, Gradlon, si tu ne veux périr débarrasse toi du démon que tu portes derrière toi ».

La fille de Gradlon terrifiée sentit les forces l'abandonner, un voile s'étendit sur ses yeux, ses mains qui serraient convulsivement la poitrine de son père se glacèrent et retombèrent, elle roula dans les flots.

Ce fût à l'endroit nommé depuis lors... poul-dahut ou poul-david... (le mot poul signifie *trou, mare*). A peine l'eurent-ils engloutie, qu'ils s'arrêtèrent, quant au roi, il arriva sain et sauf à Quimper, se fixa dans cette ville qui devint la capitale de la cornouaille.

C'est ici la légende française. Après de longues recherches, j'ai pu me procurer un vieux récit breton. La submersion de la ville d'Is, on en a fait *un Guerz* que tous nous avons entendu chanter dans nos foires et pardons.

J'en offre ici, comme je l'ai fait dans le Raz de

Sein, la traduction littérale... lui conservant les tournures bretonnes qui lui donnent comme un cachet de vérité...

Je dis avant de passer outre cette scène dont je parle, la fuite de Gradlon, portant sa fille en croupe, est admirablement représentée dans le tableau de Luminais, admiré au salon de 1888... il se trouve au musée de Quimper et nul part, il ne pouvait se mieux trouver... mieux là qu'au Louvre.

Je donne la légende bretonne, et je fais remarquer que Gradlon s'écrit Gralon, que sa fille ne se nomme plus Dahut, mais Ahès.

Je le répète, c'est la traduction littérale.

Dans l'évêché de Cornouailles, où se trouve aujourd'hui la mer de Douarnenez, existait autrefois une grande ville, c'était Is son nom... Une grande muraille large et haute, avec des écluses en fer, la protégeait de la grande mer. En cette ville, on voyait parmi les riches, dissipations et mauvais exemples. Gralon y résidait, et était roi en Bretagne, guerrier dans sa jeunesse, et dur envers ses sujets, dans sa vieillesse, éclairé par la foi chrétienne, il devint doux comme un agneau, il pleura sur les débauchés de la ville, et sur la vie désordonnée que menait sa fille Ahès, avec la noblesse de la ville et de celle de Ker-Ahès (Carhaix), qui lui appartenait.

En ce temps là, il y avait en Bretagne, deux saints apôtres, amis de Dieu... Kaourintin, premier évêque de Quimper (St-Corentin) et Saint-Guénolé, premier abbé de Landévennec... Souvent ils avaient prêché la foi à Is, et admonesté le roi sur les actes criminels, les injustices, les forfaits qui se commettaient au palais de la jeune fille. On se moquait d'eux, et le roi affaibli par l'âge, n'avait plus assez d'autorité pour arrêter les désordres de la grande ville. Dieu se fatigua en voyant cet endurcissement et fit connaître à l'ange de Bretagne, son ami Guénolé que, sans tarder, la ville serait inondée par les eaux. Aussitôt Guénolé, monta à cheval, courût à la ville d'Is avec la pensée d'arrêter la colère de Dieu... Mais le temps de la pitié était passé. quand le saint arriva vers les minuit, les écluses étaient ouvertes et la mer faisait un bruit épouvantable en roulant sur les habitants, sur les maisons et les palais.

Guénolé à cheval, se fait suivre de Gralon. Le vieillard, toujours bon père, malgré les désordres de sa fille, prend à l'insu du saint abbé, la grande coupable en croupe sur son bidet de bataille. Les vagues de la mer arrivaient sur eux frémissantes, ils allaient être engloutis, quand une voix retentit : Gralon, Gralon, si tu ne veux périr débarrasse toi du démon que tu portes en croupe derrière toi.

L'avertissement était de Guénolé, l'ange de Bretagne.

> Ha Guénolé enn eur grena
> Ha gri : Gralon toll an diaoul-ez
> Divar daillard da hin kane :

Aussitôt les flots s'arrêtèrent et l'on vit la punition du ciel.

Guénolé ne put sauver que Gralon... On voit encore sur le chemin, la trace du sabot du cheval sur le roc, où les abbés de Landévennec, avant de prendre leur charge, viennent prier et reconnaître Gralon comme fondateur du monastère.

Ahès, la mauvaise fille, fut changée en Mari-Morgan (qui chante sur la mer, ou écume de mer) moitié femme et moitié poisson, quand il fait clair de lune, on l'entend encore chanter sur les ruines de la ville engloutie.

Ses yeux ressemblent à deux étoiles, ses cheveux ont la couleur de l'or, son cou et ses deux seins sont aussi blancs que la neige, sa voix mélodieuse charme et endort. Les marins du pays, quand ils l'entendent, se disent avec frayeur : éloignons-nous, Ahès est sortie de son palais, le mauvais temps est proche, et si nous tardons, nous serons jetés sur les rochers, pour dormir de notre dernier sommeil.

Comme Sodome, Gomorrhe, Babylone, Is n'est plus, et les flots roulent sur ses ruines. Au lever du soleil, Gralon et Guénolé gravirent la montagne Menez-Hom, Gralon jeta un regard de pitié derrière lui.

Là, ou se trouvait Is, on ne voyait plus que la mer; il se jette à genoux pour remercier Dieu et la vierge : se relevant, il vit sur le couchant, Rûmen-Goulou ou Men-ru-ar-Goulou, sur cette pierre on faisait des sacrifices humains : chaque mois, un petit enfant que l'on arrachait à la mamelle.

Les yeux baignés de pleurs, levés vers le ciel, Gralon dit à son ami : sur cette pierre rougie consacrée à un Dieu barbare, je ferait bâtir une église, en l'honneur de la vierge, et là, où l'on verse du sang en l'honneur de Teutatès, la mère du vrai Dieu versera ses grâces sur les Bretons.

Il fut fidèle à sa parole... Les prêtres païens se révoltèrent, quand ils virent détruire le temple. Le roi les vainquit auprès d'Argol, à la tête des Bretons convertis. Sa prière terminée, le roi suivit Guénolé à Landévennec, abbaye qu'il avait fait construire. Il avait déjà donné son palais de Quimper à saint Corentin. A la place de ce palais, se trouve la belle cathédrale. Gralon passa le reste de ses jours à Landévennec, dans la pénitence la plus austère... Il allait souvent avec son ami à

Rumengol, itron-varia-remedd-ol... Notre-Dame de tout remède.

La vierge lui apparut, et le bruit se répandit dans la Bretagne. Il mourut entre les bras de Guénolé, à son abbaye de Landévennec, qu'il avait fondé.

Il recommanda son âme à Dieu, disant avec confiance : Itron Varia Rumengol, mirit ouzin na zin da Gall... Madame Marie de Rumengol, jetez les yeux sur moi pour que je n'aille pas à perte.

Il y a longtemps de cette mort, et les bretons qui sont gens de foi et de cœur, ont le souvenir de leur vieux roi et de son ami Guénolé.

S'ils connaissaient mieux l'histoire de leur beau pays quand ils viennent au Dimanche de la Trinité, au pardon de Rumengol, en voyant la baie de Douarnenez, Menez-Hom, Landévennec, la chapelle élevée et miraculeuse, ils diraient les larmes aux yeux :

> Bras ar burzudou a zo bet
> Bars an amzer tremenet :

Grands les miracles ont été dans les temps passés.

Beaucoup diffèrent d'opinion, non sur l'existence de la ville d'Is, mais sur son emplacement.

Nul ne saurait ébranler ces convictions du peuple, et laissons pour illusions à beaucoup de gens, que l'étymologie du mot Paris est par-et-is, c'est-à-dire, égal à Is.

> A baoué e confondet Is
> Neus quet cavet par da Paris.

Le roi Breton eut sa tombe à Landévennec, dans

l'abbaye même... son souvenir se perpétua longtemps. Longtemps on vit les deux amis se pro-
menant la nuit dans les cloitres et sur les terrases
de l'abbaye, devisant les choses de Dieu... ne les
voit-on pas encore ?

La poésie s'était emparé de l'image de ces deux
ombres que l'on apercevait de loin, marchant,
devisant lentement, aux époques des grandes
fêtes, cela annonçait de gands événements.

> Lavar din ar Belek ?
> Parrès Landévennec
> A lein ò di,
> A vel roas e balé
> Gralon a Guenolé
> En abbati.

C'était toujours les prêtres qui les voyaient,
semble dire le poète breton. La traduction
française ne le dit pas.

> Dis moi, si l'on découvre
> Quand Landévennec ouyre
> Son grand pardon,
> L'ombre Auguste et chérie
> De Guénolé qui prie
> Avec Gralon.

C'était donc toujours aux époques des fêtes, des
solennités, qu'on les apercevait cheminant et
priant.

. . . .

Quelques-uns ont voulu placer la ville d'Is, à
l'étang de Laoual. Ce petit étang s'aperçoit à la
baie des Trépassés... il est tout petit, mais très
profond, c'est le réservoir naturel de toutes les

eaux douces provenant de la déclivité du terrain, l'autre pente mène au Loch, c'est de ce canal dont je parle dans le chapitre traitant du Cap-Sizun.

Il existe à Laoual, village près de l'étang qui porte le nom, une légende disant qu'autrefois là, se trouvait une grande chapelle, mais on n'en trouve aucun vestige.

C'est peut être dans l'étang que l'on dit insondable qu'un affaissement du sol l'anéantit, comme la ville de Tolente près de Brest.

En tous cas la légende est celle-ci :

Daougent mentel skarlat, nès compti ar réal,
A lô bep sul deus ger Is, d'an ofern da Laoual.

ce qui veut dire : Quarante Seigneurs vêtus de manteaux de pourpre, sans compter les autres, allaient chaque dimanche de la ville d'Is à la messe à Laoual.

Il y a bien la légende de la chapelle, mais on n'en trouve aucun vestige.. peut-être est-ce dans cette chapelle que se trouvait un prêtre officiant dont je parle dans le Raz de Sein en narrant la légende... Il se trouverait encore au fond de l'abime, sa messe n'est pas encore achevée, et il est là qui attend les bras étendus, que l'on vienne lui faire des répons.. sa position est gênante vraiment depuis 1300 ans.

Du reste ce n'est pas de ce côté, près de Laoual qu'existe seulement cette légende, on la trouve encore à la pointe de la Chèvre, dans le pays de Crozon, mais racontée d'une autre manière...

Un bateau de pêche se trouvait (l'histoire ne donne pas la date) à une certaine distance de la côte, elle était montée par quelques hommes... La barque devait opérer sa pêche, dans des parages, où le fond sans être très profond, est une

base, véritable chaos de pierres, de roches, de
murailles, dirait-on, en ruines. Là on devait
carguer la voile et jeter l'ancre, car le poisson
abonde toujours. On comprend bien qu'ici, dans
ce fouillis de pierres, on ne peut employer un
grappin en fer, ce qui se pratique sur les autres
bases. Un grappin en fer, si on l'employait ne pou-
rait plus être dégagé, aussi les pêcheurs emploient-
ils pour ces parages, une ancre d'une autre façon.
C'est une grosse pierre, retenue par deux tiges de
bois, comme deux bras qui l'enserrent, et à cette
ancre ils ont donné un nom spécial *ann néo*, celui-ci
est facile à dégager... Toujours est-il que ce jour
là, notre barque après un séjour prolongé, après
une pêche fructueuse, ordre fut donné à un marin
de ramener *ann néo*... Celui-ci fort gaillard, se
met en devoir de hâler la pierre.. vains efforts,
aidé même d'un autre marin de la barque, il ne
put dégager l'arrêt... Je ne perdrai pas dit-il *ann
néo neve* (neuve), il se jette à la mer et plonge, car
il était têtu comme un Crozonais, et de plus, il
était aussi habile plongeur que ceux qui se livrent
à la pêche des éponges et des huitres perlières...
l'équipage attend. Longs instants après, on le
voit revenir, il avait les yeux hagards et paraissait
terrifié, l'équipage est obligé de le saisir et de le
prendre à bord, car il tremblait de tous ses
membres... Vite, vite dit-il, coupez le cable et
partons d'ici, de cette base maudite. On s'empresse
de prendre la hache du bord et de couper la
corde... Quand il put parler, il raconte à ses
compagnons des choses épouvantables. Il avait
vu des ruines, au milieu de ces ruines, des spec-
tres, des cadavres amoncelés, et au milieu d'eux
un prêtre, à barbe blanche, officiant, qui lui faisait
des signes en le suppliant d'approcher de l'autel,
etc...

C'est toujours à peu près la même légende, mais ces légendes se rencontrent partout le long du littoral, toujours est-il que l'étang de Laoual est toujours là, et voici comment en parle un écrivain qui y place les ruines de la ville d'Is.

« Aujourd'hui, sur la surface calme du lac, parmi les roseaux qui les protègent, les macreuses et les cols-verts nichent, les hérons méditatifs se posent sur une jambe, les goëlands viennent y planer par aventure ».

Une immense poésie se dégage de cette solitude reposée au pied des grands côteaux pelés, à coté de l'agitation perpétuelle de la grève funèbre où les vagues se fracassent contre les galets, avec un bruit épouvantable.

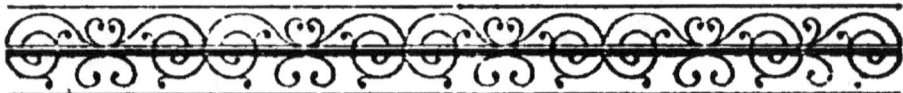

La Croix de Pennéarc'h en Plogoff

J'ai donné dans *Le Ras de Sein*, les légendes qui font exister la ville d'Is aux environs du Cap Sizun, l'Ile de Sein aurait fait partie de ce cap, dans les temps anciens... j'ai dit que les gens âgés de cette ile, prétendent tenir de leurs devanciers, que leur commune est propriétaire d'une partie de la pointe du Ras.

J'ajoutais : il n'y a que des légendes sur l'existence de la ville d'Is, des études savantes doivent le démontrer, et des travaux sont préparés là-dessus... on les attend ! ne doit-on pas s'attendre à tout ?

J'ai bien remarqué que cette question intéressait, et de Londres même on m'a adressé nombreuses demandes... j'ajoutais ceci, et on peut le lire à la page 15... Raz de Sein.

« Un marin pêcheur de Plogoff, retirant un jour ses filets, sentit un poids extraordinaire, étonné il soulève lentement, et ramène à son bord une croix en pierre dégradée par les eaux. Elle est encore à Pennéarc'h, on peut la voir, comment expliquer sa présence dans les courants du Raz ? Il est vrai de dire qu'une autre statue a été tirée des eaux profondes; à celle-ci, on donne une origine espagnole, on s'est contenté de lui faire un trou dans le côté, on y a mis une flèche, et l'on en a fait un Saint Sébastien; il faut dire que celle-ci a été retrouvée à Penmarc'h, que les espagnols fréquentaient beaucoup, quand le port et le commerce de cette ville était dans sa splendeur, il y a trois siècles.

Monsieur Le Menn archiviste, en parle dans la monographie de la cathédrale Saint-Corentin.

Le désir m'a pris, depuis les lignes écrites dans le livre *Raz de Sein*, de me rendre compte, *de visu*, de cette croix *moïse*... Pennéac'h est un grand village de la commune de Plogoff, sur laquelle est située, la pointe du Ras, au sud du bourg, sur le bord de la mer le village surplombe la côte, qui est là très escarpée.

Appelez village si vous voulez, une agglomération de maisons, comptant plus de 300 habitants, ayant place, rues, plusieurs maisons de commerce, et des cabarets, ceci ne fait doute pour personne en Bretagne, cette commune du reste possède, encore quelques villages aussi importants.

Le hasard voulut que justement près de la croix en question, je rencontrasse la personne la plus à même de me renseigner.

Je suis, me dit-elle, fille de Pierre Tréanton, et ce Pierre Tréanton est le marin qui a pêché cette croix, dans les courants du Ras... pêché, me dit-elle, est le mot vrai : ce n'est pas comme vous l'avez dit par un filet, qu'elle a été ramenée, mais par une palangue, forte ligne qui sert à pêcher les congres, les turbots, elle ramène même des anges et des postaux dont le poids est quelquefois de plus de 60 kilos.

C'est un peu au large, près de la roche la *vieille*, là ou se trouve le phare actuel, environ à deux milles, et à une profondeur de 25 brasses (environ 120 pieds).

Il y a de cela soixante-cinq ans, et à cette époque j'avais cinq ans. C'était un jour de vendredi saint, je vous prie de le remarquer. Pendant quelques années, mon père a conservé cette croix dans le jardin, jusqu'au jour, où, M. le recteur l'a fait ériger à cette place, au sommet de cette pierre que vous voyez, et au pied de laquelle tout le village va prier, puisque nous n'avons pas de chapelle.

La croix a environ 1m 20 de hauteur, et elle est toute de granit de la côte... l'anagramme I. N. R. I. est parfaitement conservé... Le sommet de la croix et les deux branches sont terminés par des boules arrondies, quatre fois grosses comme des billes de billard.

La couronne d'épine est un large turban, les bras sont très courts, peu proportionnés au buste qui est très fort, il en est de même des jambes posées l'une sur l'autre, le pied gauche repose sur le pied droit:.. mains et pieds sont parfaitement sculptés.. on y mis a même plus de soin que pour les autres parties du corps.

La tête est comme toujours dans toutes les croix sans expression... c'était la réflexion que je faisais.

Pourrait-on en effet reproduire, de manière à contenter un croyant. la tête d'un Christ mourant? Ce mot si simple en effet de l'évangile ; *Inclinato capite, tradidit Spiritum,* renferme tant de choses à exprimer: souffrance, prière, miséricorde, pardon, etc.... pas un pinceau pas même celui de Michel Ange, l'artiste qui plus que Sanzis, s'est rapproché du sublime, ne saurait arriver à peindre autant de sentiments divers, toutes contenues dans les paroles dictées, du haut de la croix.

Tout le monde est d'accord, *os loquitur ex abun-dantiâ cordis !* et c'est encore plus exact pour le pinceau et le burin.

Il n'existe pas, en effet, un cœur assez pur, assez élevé pour traduire, un pareil sujet, pas plus qu'on ne le peut dans le style, dès lors qu'on ne saurait le comprendre.

C'était là, le résumé des réflexions qui hantaient mon esprit au pied de cette pauvre croix de pierre, dont l'origine est inconnue.

Un souvenir me vint, en pensant à Michel Ange, le grand artiste avait peint, dans un de ses tableaux, une vierge mère... et nous le savons tous (1), une seule personnne, une seule, et encore !! pouvait prendre le droit, de faire des remarques sur les travaux, qu'il lui commandait, c'était le grand pontife qui alors régnait sur le siège de Pierre, celui auquel l'art doit ses plus beaux monuments et ses plus beaux tableaux... un grand seigneur, qui avait ses entrées à la cour pontificale, fut introduit dans les ateliers de Michel Ange, il examina en connaisseur le beau tableau que l'on prépare, le critique, a l'audace de dire que la vierge a les traits de la jeunesse, qu'elle a l'air trop jeune... le grand artiste impatient : ne sais-tu pas, Fauchino, que les vraies vierges, restent toujours jeunes, peut-elle avoir des rides ?

Le grand artiste ne comprenait pas qu'une vierge pût prendre un semblant de vieillesse.

Il en est de même pour quiconque veut en connaisseur, juger une tête de Christ mourant.

Partout et toujours on exagère la douleur, jusqu'à l'horreur même, il y en a qu'on devrait

----

(1) Michel Ange ne supportait pas la critique... il se vengea d'un cardinal aristarque de cette façon : il prit son portrait, et dans un de ses tableaux, il le plaça... dans les flammes de l'enfer.

interdire dans les images; un seul peintre a p
rendre toutes ces expressions réunies, pauvr
comme Gilbert et malheureux comme lui; comm
celui-ci il pouvait dire.

> Mes ennemis jaloux ont dit dans leur colère
> Qu'il meure et sa gloire avec lui.

Ce grand artiste inconnu mourait ignoré dan
un hôpital, à bout de misères, de chagrins, abreu
vé d'amertumes, Il était là, abandonné de tou
Donna-t-il le résultat de ses méditations dernière.
les derniers reflets de son âme avant d'expirer.
il faut le croire.

Saisissant un charbon éteint, dans un encenso
resté non loin de sa couche, il trace dans les der
niers efforts, dans les derniers accès d'une fièv
qui le dévore, le plus beau chef-d'œuvre que l'o
puisse voir, une tête de Christ mourant : et cet
figure peignait tous les sentiments de l'âme rés
gnée de Zurbara, l'espagnol. Ce fut le dernie
effort de son génie, car un instant après il expira
en jetant un dernier regard sur l'image; on retrou
vait tout dans l'image, prière, miséricorde, pardo
résignation.

On peut dans la poésie peindre ces sentimen
qui se rencontrent dans le chrétien mourant (
Lamartine.

> Déposer le fardeau des misères humaines,
> Est-ce cela donc mourir ?

Et ce mourant fait un reproche à ses amis (
pleurer son sort.

> Compagnons de l'exil. quoi vous pleurez mon sort ?

Il est bien plus facile de peindre le Christ enfan
le Christ enseignant, c'est ce qu'a fait au premiè
jours de l'enfance du christianisme, un artis

nconnu dans les catacombes de Rome... il y a
quelques rayons divins dans les impressions, tels
que le cœur pur qui les traçait, les peignait.

Mgr Gerbet, évêque de Perpignan, le trace bien
dans son voyage qu'il décrit aux sombres retraites
les vieux chrétiens, je donne une de ses strophes.

> Un roc sert de portique, à la funèbre voûte,
>   Sur ce fronton,
> Un artiste martyr, dont les anges sans doute,
>   Savent le nom,
> Peignit les traits du Christ, sa chevelure blonde,
>   Et ses beaux yeux,
> D'où s'échappe un rayon d'une douceur profonde,
>   Comme les cieux.

Quoiqu'il en soit pour le Christ de Pennéarc'h,
la croix Moïse, qu'il ait été sculpté par un artiste
le la cité d'Is, où d'ailleurs ; il est d'une maigreur
effrayante, exagérée. Quand je le dessinais, mon
conducteur m'en fit l'observation ; je me conten-
tais de lui dire en breton.. que voulez-vous, après
un temps si long, passé sous l'eau, il n'y a rien
d'étonnant, il parut convaincu, et cela me suffit.

Cette croix devait être posée au sommet d'un
édifice, d'une chapelle quelconque. Comment se
trouvait-elle dans le Raz de Sein, à l'endroit
même où les légendes placent l'existence d'une
cité submergée, chrétienne puisque saint Guénolé
se rendait près du roi Gralon et que quarante
seigneurs et même plus, se rendaient chaque
dimanche à la messe à Laoual. Laoual est encore
indiqué sur la carte géologique du Finistère,
1844... et Pierre Tréanton qui a *pêché* la croix, est
né à Laoual même (drôles de coïncidences).

Quand je terminais le croquis de la Croix Moïse

ce qui ne fut pas long, j'étais entouré d'un groupe de pêcheurs qui revenaient de la côte, tous savaient l'histoire de la croix. Un d'entr'eux me dit en Breton : ça ne pousse pas cependant parmi les goëmons de la mer ?

Comment donc lui dis-je, expliquez-vous sa présence dans le raz ? Parbleu, me dit-il, vous savez aussi bien que nous que la ville d'Is était là, et que le courant si fort qu'il fut n'a pu l'entraîner plus loin.

On ne leur retirera pas cela de la tête, servants de toutes les académies vous y perdriez votre latin, ils resteront incrédules quand vous viendrez leur dire que ce que l'on raconte de la ville engloutie est apocryphe.

Sont-ils les seuls du reste. Parmi les milliers de touristes qui abondent à la pointe du Raz, il en est qui ont eu connaissance de ce fait. Ils questionnent les gardiens du phare là-dessus... peuvent-ils s'adresser mieux qu'au gardien Kerninon, qui répond sans hésiter.

Toute cette histoire est vraie, la croix est à quinze pas de la maison que j'habite à Pennéac'h. Dans une demi heure, vous pouvez l'aller voir.

TABLE DES MATIÈRES

---

www.ingramcontent.com/pod-product-compliance
Lightning Source LLC
Chambersburg PA
CBHW051737090426
42738CB00010B/2300